客户服务管理

栗劲松　刘群麾　主　编
林　炯　陈星如　副主编

中国财富出版社有限公司

图书在版编目（CIP）数据

客户服务管理 / 栗劲松，刘群麾主编 . --北京：中国财富出版社有限公司，2024. 7. --ISBN 978-7-5047-8192-5

Ⅰ. F274

中国国家版本馆 CIP 数据核字第 2024D0N993 号

策划编辑 黄正丽　　**责任编辑** 徐　妍　　**版权编辑** 李　洋

责任印制 尚立业　　**责任校对** 张营营　　**责任发行** 敬　东

出版发行 中国财富出版社有限公司

社　　址 北京市丰台区南四环西路 188 号 5 区 20 楼　　**邮政编码** 100070

电　　话 010 - 52227588 转 2098（发行部）　　010 - 52227588 转 321（总编室）

010 - 52227566（24 小时读者服务）　　010 - 52227588 转 305（质检部）

网　　址 http：//www. cfpress. com. cn　　**排　　版** 宝蕾元

经　　销 新华书店　　**印　　刷** 宝蕾元仁浩（天津）印刷有限公司

书　　号 ISBN 978-7-5047-8192-5/F · 3681

开　　本 787mm×1092mm　1/16　　**版　　次** 2024 年 11 月第 1 版

印　　张 10. 5　　**印　　次** 2024 年 11 月第 1 次印刷

字　　数 199 千字　　**定　　价** 48. 00 元

版权所有 · 侵权必究 · 印装差错 · 负责调换

前　言

随着经济社会的飞速发展，市场竞争日益激烈，优质的客户服务管理不仅是一项核心竞争力，更是企业持续发展的基石。

本书采用活页式教材设计，注重理实一体、学做结合。全书采用“项目要求—任务实施—案例分析—活页笔记”的学习结构，包括九个项目，分别为熟悉客户关系管理、熟悉物流客户服务、识别物流客户群体、完善客户档案、物流客户关系维护、物流客户关系管理技术、物流大客户管理与服务实施、物流客户服务管理的应用和数字化客服。每个项目下设计多个任务，以单个任务为单位组织教学，以活页的形式将任务贯穿起来。

本书以学生为中心，旨在通过深度互动的教学模式，加强书与学生之间的联系，引导学生主动探索、积极实践，从而构建自己的综合职业能力体系。

在功能设计上，本书不仅具备传统教材的思想品德教育功能，更强调职业引导的重要性。我们希望通过本书，更好地让学生了解客户服务管理的职业内涵，激发学生对职业的热爱，树立正确的价值观和择业观，培养高尚的职业道德和职业意识。

在内容选择上，突出实用性和实践性，坚持职业能力本位、以应用为导向。确保教材内容既能满足职业岗位的需求，又能提升学生的实际操作能力。同时，我们注重知识的更新和拓展，关注数字化客户服务的发展趋势，紧跟数字化浪潮，创新客户服务模式，以应对日益复杂多变的市场需求。

在结构编排上，本书遵循“以全面素质为基础”“以职业能力为本位”的教学理念，结合学生的认知规律和技能养成规律，以应用为主线，实现课程的综合化和模块化。

在内容呈现上，充分考虑学生的心理特点和认知习惯，系统化思考学习问题，将“案例分析”和“活页笔记”融入学习任务的完成过程，激发学生的学习兴趣，帮助他们从实际经验和书本抽象的描述中构建自己的综合职业能力体系。

此外，本书还注重职业道德、社会责任和人文关怀的培养。我们在各项任务中潜移默化地融入社会主义核心价值观，强调客户服务工作不仅是职业技能的展现，更是职业道德和社会责任的体现。希望通过本书的学习，让学生在实践中不断提升自己的职业道德素养和社会责任感。

本书是一部关于客户服务管理的智慧之作，它不仅是学生学习的教材，更是他们提升综合职业能力的指南。我们期待通过本书的学习，让学生在掌握客户服务管理知识的同时，成长为具有高尚职业道德、强烈社会责任感和人文关怀精神的优秀人才。

本书由栗劲松、刘群麾担任主编并统稿，林炯、陈星如担任副主编。具体分工如下：项目一、项目二、项目六由栗劲松编写；项目三、项目四由林炯编写；项目五、项目八由刘群麾编写；项目七、项目九由陈星如编写。

本书自构思框架至完成终稿，均离不开中国财富出版社有限公司的大力支持与帮助。在编写过程中，我们参考了众多行业专家的有关文献，在此一并表示衷心的感谢！

本书旨在成为一部引领时代的精品力作，鉴于行业的迅猛发展和客户观念的日新月异，相关服务管理理念也在不断演进，我们虽力求精确，但仍恐有疏漏之处，恳请各位读者不吝赐教，为行业的进步贡献力量。期待与您共同成长、共创辉煌！

编　者

2024 年 4 月

目 录

项目一 熟悉客户关系管理 …… 1

任务一 了解客户的基本概念 …… 2

任务二 探讨客户的形成与分类 …… 3

任务三 了解客户关系的建立与维护 …… 4

任务四 分析客户关系的生命周期 …… 6

任务五 定义客户关系管理 …… 8

任务六 客户关系管理的产生和发展 …… 10

任务七 客户关系管理的目标 …… 12

项目二 熟悉物流客户服务 …… 17

任务一 认知物流客户服务 …… 18

任务二 物流客户服务分类 …… 19

任务三 物流客户开发 …… 21

任务四 物流服务的客户价值 …… 24

任务五 物流客户服务的内容 …… 26

项目三 识别物流客户群体 …… 34

任务一 潜在客户的识别 …… 34

任务二 潜在客户的寻找路径 …… 37

任务三 潜在客户的寻找方法 …… 39

任务四 客户来源分析 …… 46

项目四　完善客户档案 …… 53

任务一　客户档案概述 …… 53

任务二　客户档案的建立 …… 54

任务三　客户档案的管理原则 …… 56

项目五　物流客户关系维护 …… 64

任务一　物流客户追踪 …… 65

任务二　物流客户满意度 …… 68

任务三　物流客户忠诚度 …… 72

任务四　物流客户投诉 …… 76

任务五　物流客户关系管理的意义 …… 80

项目六　物流客户关系管理技术 …… 85

任务一　物流客户信息 …… 86

任务二　物流客户数据库管理 …… 89

任务三　客户关系管理中的呼叫中心 …… 92

任务四　客户关系管理中 CRM 系统的应用技术 …… 94

任务五　客户关系管理中微信公众号的应用 …… 96

任务六　客户关系管理中虚拟数字人的应用 …… 98

任务七　客户服务与管理的数字化技术与工具 …… 101

项目七　物流大客户管理与服务实施 …… 106

任务一　物流客户等级的划分 …… 107

任务二　物流大客户管理 …… 109

任务三　物流重点客户个性化服务 …… 110

任务四　物流客户服务部门认知 …… 112

任务五　物流客户拜访礼仪 …… 114

任务六　物流客户接待礼仪 …… 117

项目八　物流客户服务管理的应用 …… 125
任务一　物流客户服务质量概述 …… 125
任务二　物流客户服务质量管理的基本程序 …… 127
任务三　物流客户服务绩效评价 …… 132
任务四　物流客户需求及调查研究方法 …… 135
任务五　物流客户服务订单受理 …… 136
任务六　物流客户数据统计及报表 …… 138
任务七　物流客户资信管理 …… 140

项目九　数字化客服 …… 146
任务一　互联网时代的数字化客服 …… 146
任务二　数字化客服体系 …… 148
任务三　物流智能客服系统 …… 151

参考文献 …… 158

项目一　熟悉客户关系管理

认知目标

➢ 了解客户的概念及分类，明确客户在企业中的地位和作用。

➢ 理解客户关系的本质与重要性，认识到良好客户关系对企业长期发展的推动作用。

➢ 全面认识客户关系管理的概念、目标和发展历程，建立对客户关系管理学科的基本认知框架。

能力目标

➢ 掌握客户关系建立与维护的技巧，能够在实际工作中有效应用。

➢ 掌握客户关系生命周期及其管理策略，能够针对不同阶段的客户采取恰当的管理措施。

➢ 培养分析问题和解决问题的能力，能够根据客户需求和市场变化灵活调整客户关系管理策略。

思政目标

➢ 培养认真负责的工作态度，对待客户关系管理工作始终保持高度的责任心和敬业精神。

➢ 树立一丝不苟的工匠精神，注重细节，追求卓越，在客户关系管理工作中不断提升服务品质。

➢ 增强团队协作和沟通能力，与团队成员共同协作，为客户提供更加优质的服务体验。

任务一　了解客户的基本概念

客户，几乎存在于商业社会的各种活动中。例如，在商场购物时，我们是商场的客户；在培训机构学习时，我们是培训机构的客户；在电影院看电影时，我们是电影院的客户。每个人在不同场合都扮演着不同的客户。

一、客户的含义

客户就是购买企业产品或服务的个人或企业组织，同时也泛指企业的内部员工和代理商、分销商等合作伙伴，以及企业价值链上、中、下游伙伴，甚至竞争对手等。

二、客户的核心范畴

四类对象是企业客户的核心范畴，分别是企业、渠道、消费者和内部客户。

1. 企业

企业就是将购买的产品或服务附加在自己的产品上一同出售给另外的客户的组织。

2. 渠道

这部分客户是不直接为你工作，并且无须为其支付报酬的个人或组织。目前比较常见的渠道有代理商、分销商和特许经营者。

3. 消费者

消费者就是购买最终产品或服务的零售客户，通常以个人或家庭为主。这也是我们平时所理解的最广泛分布的一种客户。

4. 内部客户

内部客户是指企业或联盟公司内部的个人或业务部门购买产品或服务以实现其目标。这类客户很容易被企业忽视，通常认为他们不是特别重要，实际上这部分客户往往可以给企业带来长期利益。

客户不全是产品或服务的最终接受者，也可以是物流商、批发商和零售商，而最终的接受者是消费产品或服务的自然人或机构法人。

客户不一定是用户，只有当消费产品或服务时才是用户。客户不一定在公司之外，企业内的上下流程工作人员和供应链中的上下游企业应视为内部客户，内部客户的地位日益提高。

任务二　探讨客户的形成与分类

案例引入

“夏晖与麦当劳”是物流企业与客户优良合作的典型案例。夏晖是麦当劳的全球物流服务提供商，从1974年在美国芝加哥开始合作至今，双方已经有几十年的交情。不过麦当劳在全球都鼎鼎大名，夏晖除了在物流业，在公众中的知名度并不高。就像自然界中的“共生”现象一样，如果把麦当劳比作鳄鱼，夏晖则是与之共生的牙签鸟，双方和睦相处，各取所需。麦当劳走到哪里，夏晖就跟到哪里，麦当劳打天下，夏晖就有物流订单。同时，因为夏晖的鼎力相助，麦当劳也得以实现在全球的发展。

一、客户的形成

先是猜想客户，企业猜想可能会购买产品或服务的人或者组织，其中那些对企业的产品有强烈的潜在兴趣和有能力购买的人或者组织，企业可以把他们定义为预期客户，没有购买行为的，就自动转为不合格客户，那些合格的预期客户才会转变成首次购买客户。

首次购买满意并且继续回购，就发展成了重复购买客户。但是，重复购买客户也可能在竞争对手那里购买产品或服务，所以，企业需要随时留意客户服务管理，让他们发展成为真正的忠诚客户。

当忠诚客户维持一段时间以后，企业还可以继续将他们转变成成员，将其利益与这些成员进行分享，并且最终发展成为拥护者。如果成为拥护者，那些客户将会称赞企业并且劝说鼓励其他人员也购买该企业的产品。如果可以发展成合伙人，那么客户与企业将成为合作联盟关系，从而共担风险，共享利益。

在形成过程中，客户有可能随时中断，停止购买行为，企业必须非常谨慎，不能掉以轻心。所以企业必须从长期战略管理的角度来进行客户的管理。

二、客户的分类

客户可分为以下五类。

1. 非客户

非客户主要是指与企业的产品或服务无关，或那些不可能购买企业产品或服务的人群。这部分客户基本不和企业产生任何关系，所以企业一般不会把他们列为客户管理的对象。

2. 潜在客户

潜在客户主要是指对企业的产品或服务有需求和欲望，并有购买动机和购买能力，但还没有产生购买行为的人群，这部分客户现在还没有具体购买行为，但是这部分人群基数非常大，所以，基本上除了非客户，其余的都可算作潜在客户。

3. 目标客户

目标客户是指企业经过挑选后确定的力图开发为现实客户的人群。这些客户基本是企业客户发展的重中之重，他们与现实客户之间往往只有一墙之隔，所以企业需要努力发展好与他们之间的关系。

4. 现实客户

企业产品或服务的现实购买者。现实客户可分为三种：

①首次购买客户，这些客户对企业的产品或服务进行第一次尝试性购买。

②重复购买客户，这些客户基本上进行了两次以上购买行为。

③忠诚客户，这些客户的购买行为基本是连续不断的、具有指向性的。

5. 流失客户

这些客户由于种种原因，不再购买本企业的产品或服务。

在这五个概念中，要注意区分潜在客户和目标客户之间的联系。潜在客户是指主动关注企业，有可能购买但还没有购买行为的客户；而目标客户则是企业主动关注的具有一定购买能力，但是尚未有购买行为的客户。但这两者是可以重叠或者部分重叠的。

任务三　了解客户关系的建立与维护

一、客户关系的内涵

关系是指两个人或两组人之间相互的行为以及相互的感觉。关系发生在人以及由人构成的组织之间，包括行为和感觉两个方面，两者缺一不可。

客户关系的内涵主要包括以下几个层面。

①客户关系是企业和客户之间相互作用、相互影响的一种状态，这种关系可以是

价值链上、下游关系，也可以是一种消费和提供消费的关系或者是一种非直接利益上的合作关系。

②客户关系既可以是人与物的关系，也可以是人与人或者物与物的关系，比如一个商店可能价廉物美，但服务态度差，那么人们就会选择到物价比较贵，但服务态度好的商店消费。

③客户关系是一种结果和条件，客户关系的形成源于客户对企业的某种需求。同时，客户关系也是很多企业发展和制定战略的条件，只有拥有足够多的客户，并了解足够多的客户信息，才能对市场做出合理的预测，以便满足市场的需要。

④客户关系是一种重要性的表现，客户关系的形成和存在的状态，能够反映出企业对市场的影响程度，如果一个企业的产品在相关市场中赢得了20%以上的客户，那么就可以断定这家企业在该市场中比较重要。

⑤客户关系也是一种事务之间的联系，在交易过程中，通过各种事务使其中的人和人发生联系，事务与事务发生联系，客户关系管理研究的就是这种联系。

客户关系的形成，要考虑客户生命周期的不同阶段和特点。

二、客户生命周期的阶段划分与特点

客户生命周期是从动态角度研究客户关系的重要工具，它将客户关系的发展过程划分为四个典型阶段，分别是潜在客户阶段、新客户阶段、老客户阶段和新业务的新客户阶段。下面对每个阶段的客户特征进行描述。

1. 潜在客户阶段

在该阶段最重要的是建立对企业产品的信心。潜在客户对产品的信任程度或认可度，决定了其上升为新客户的可能性，但潜在客户也可能就此丧失对产品的信心，从而企业失去该潜在客户。外界对客户层次的评价以及客户所属的行业等因素会对客户进入下一阶段产生影响。

2. 新客户阶段

在该阶段，客户还是需要逐步培养对该企业业务和产品的信心，此时客户的购买经历、使用体验以及客户对这次购买的价值评判，使客户产生了对质量的实际感受和认知。对所支付的费用和所达到的实际收益的体验，将影响客户进入下一个阶段。

3. 老客户阶段

在该阶段，客户对企业产生了基本的信任，从而成为该企业的老客户，这时，客户的满意度、忠诚度和信用度是企业关心的焦点，要想办法将老客户发展成忠诚客户。

4. 新业务的新客户阶段

这里的新客户是由原来的老客户发展而来的，即原有的老客户由于建立起来对该企业业务的信任感，进而使用了该企业的新业务。当客户进入该阶段时，客户生命周期进入循环阶段，客户潜力回到极致，延长了客户的生命周期，从而保持了客户，节约了成本。

任务四　分析客户关系的生命周期

一、客户关系发展的四个阶段

1. 发展的四个阶段

客户关系的发展一共分为四个阶段，分别是考察期、形成期、稳定期和退化期。这四个阶段各自具有对应的特点。

考察期是客户关系的探索和试验阶段。

形成期是客户关系的快速发展阶段。

稳定期是客户关系发展的最高阶段。

退化期是客户关系发展过程中关系水平逆转的阶段。

2. 阶段分析

下面分别从交易额、价格、成本、间接效益以及利润这几个方面对每个发展阶段进行分析。

（1）考察期

考察期，交易额总体很小，只是尝试性地购买，为了进一步吸引消费者，产品价格一般比较低。由于初期企业投入的又比较多，所以初期的成本实际上是最高的，而间接效益则基本没有，交易额很小，利润也非常小，甚至有的时候是负利润，投入大于回报。

（2）形成期

在这个阶段，交易额开始快速上升，“快速”这个词，说明在这个阶段，产品的利润也应该快速上升。由于交易额上升，所以产品的价格也开始有所上调，一开始上调比较缓慢，到了形成期的后段，上涨幅度会进一步增大，成本开始逐渐下降，间接效益也开始逐渐浮现。

（3）稳定期

在这个阶段，交易额达到了最大值，并且在一段时间内始终保持最大。价格也还在继续上升，成本仍在持续降低，并且达到最低限，间接效益非常明显，并且继续扩大，利润一直在增加，但是，到了这个阶段的后期，利润开始出现回落，但相比前几个阶段而言，利润仍然比较高。

（4）退化期

这个阶段是每个企业都不希望看到的阶段，在这个阶段，企业的交易额开始逐渐回落，有的比较缓慢，有的则出现极速跌落。价格也开始降低，成本开始回升，企业开始增加一些投入，间接效益却开始降低，利润也在下滑。这个阶段持续的时间主要取决于企业自身的能力，能力强的企业一般这个阶段持续的时间会比较长，给企业带来的影响也不算太大，但是如果企业自身实力不强，退化期就会非常短暂。

综上所述，在考察期、形成期和稳定期交易额是逐渐增加的，增加的原因是价格的提升。

二、客户关系生命曲线

客户关系生命曲线如图 1-1 所示。

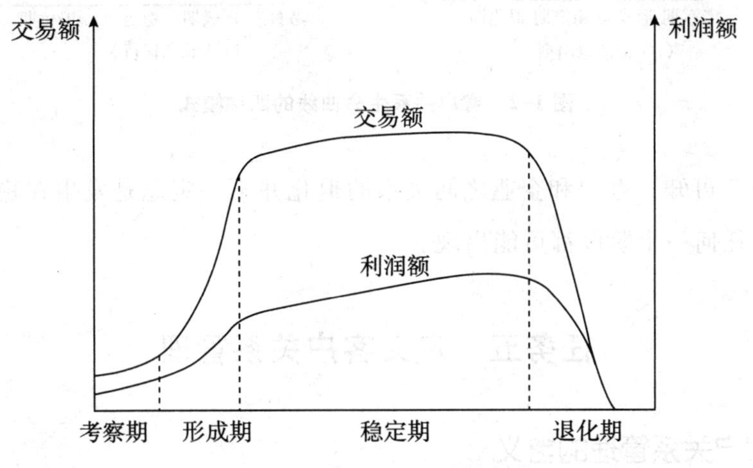

图 1-1　客户关系生命曲线

图 1-1 中横坐标代表客户关系的不同阶段，纵坐标分别表示交易额和利润额，从图中可以看出交易额和利润额有相似之处：两个指标在考察期总体都很小，而且上升的速度也很缓慢；在形成期迅速增长；稳定期继续保持增长，但是增速放缓；从退化期开始就快速下降；两条曲线都呈现出倒 U 形。

在客户关系生命曲线中，稳定期持续较长时间，考察期和形成期相对较短，这种状态是一个比较理想的客户关系生命周期模式，这样的模式才能给供应商带来丰厚的利润，因为稳定期带给企业的利润是比较可观的。但是这只是理想状态，在现实中却往往呈现出其他状况。

图 1-2 为客户关系生命曲线的四种模式。这四种模式分别为早期流产型、中途夭折型、提前退出型、长久保持型。

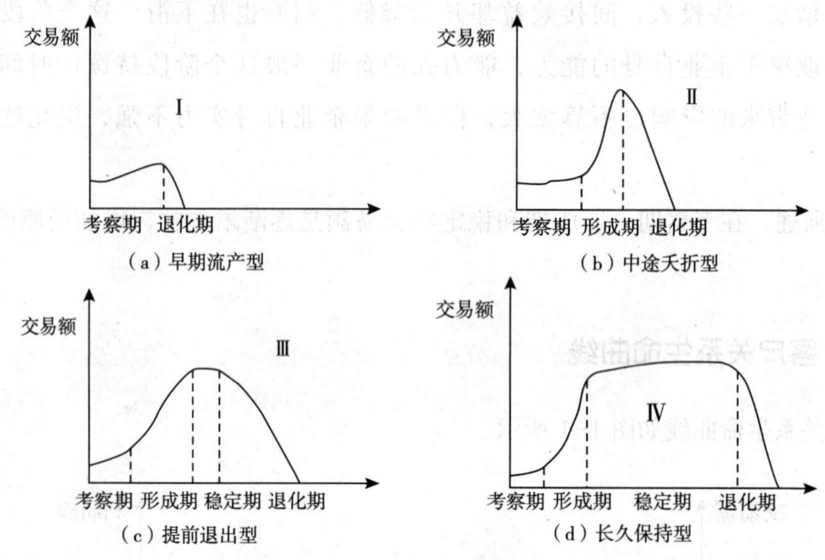

图 1-2 客户关系生命曲线的四种模式

由图 1-2 可知，客户和企业之间关系的退化并不一定总是发生在稳定期之后，而是在其中任何一个阶段都可能出现。

任务五 定义客户关系管理

一、客户关系管理的含义

目前对于客户关系管理（CRM）的含义，还没有统一表述，不同的研究机构和专家也有不同的描述。重点介绍以下两种观点。

1. Gartner（高德纳）咨询公司的观点

全球权威机构高德纳咨询公司，最早提出了客户关系管理这一概念，将其定义为：客户关系管理是针对增进盈利、收入和客户满意而设计的企业范围的商业战略。这一概念强调客户关系管理是一种商业战略，而不是一套系统，它涉及的范围是整个企业而不是一个部门。

2. IBM（国际商业机器公司）的观点

作为全球知名的 IT（互联网技术）公司，IBM 所理解的客户关系管理包括企业识别、挑选获取、发展和保持客户的整个商业过程。

综上所述，客户关系管理可以归纳为：客户关系管理就是通过采用信息技术，使企业市场营销、销售管理、客户服务和支持等经营流程信息化，实现客户资源有效利用的一套应用软件系统，其核心思想是以“客户为中心”，提高客户满意度，改善客户关系，从而提高企业的竞争力。

另外，客户关系管理也可以认为是一种以信息技术为手段，对客户资源进行集中管理的经营策略。

二、客户关系管理的内涵

客户关系管理的内涵包括以下三个层面。

1. 客户关系管理是一种现代经营管理理念

客户关系管理起源于市场营销理论，客户关系管理吸收了数据库营销、关系营销、一对一营销等管理思想的精华，在这种经营管理理念中，企业会将客户视为最重要的无形资产，通过完善客户服务和客户分析，来满足客户的个性化需求，提高企业盈利空间，提升企业价值。

2. 客户关系管理集合了当今最新的信息技术

客户关系管理作为一种解决方案，集合了当今最新的信息技术，包括互联网和电子商务、多媒体技术、数据仓库和数据挖掘、专家系统和人工智能、呼叫中心以及相应的硬件环境。目前企业普遍使用的 CRM 软件就是一种改善企业与企业之间关系的应用信息系统。它可以应用于企业的市场营销、销售、服务和技术支持等与客户相关的领域。

3. 客户关系管理的实施是一套完整的业务解决方案

企业在应用客户关系管理的实践中证明，成功的 CRM 软件可以帮助企业建立一套完整的业务解决方案，这种方案，可以将最佳的商业实践与数据挖掘、工作流、呼叫中心、企业应用集成等紧密结合起来，为企业销售、客户服务和决策支持等领域提供智能化的解决方案。

总之，在企业客户关系管理中，理念、技术、实施，一个都不能少，企业只有借助先进的理念和技术，才能优化资源配置，在激烈的市场竞争中获胜。

任务六　客户关系管理的产生和发展

一、客户关系管理产生的原因

客户关系管理产生的原因主要集中于三点：企业营销观念的更新、企业需求的拉动和技术的推动。

1. 企业营销观念的更新

（1）营销观念的演变

营销观念经历了从生产观念到产品观念、推销观念、营销观念以及社会营销观念的演变过程。

在生产观念下，核心观点认为客户注重的是能否买到产品，或者是能否买得起产品，所以这时的营销活动主要集中在提高生产率和扩大销售面。

在产品观念下，核心观点认为客户注重的是产品的质量、功能和创新的程度，所以这时的营销活动更多地集中于提高、改进产品的质量和功能。

在推销观念下，核心观点认为客户是有购买惰性的，需要通过促销刺激，然后产生大量的购买行为，所以此时的营销活动主要是主动销售和一些积极的促销活动。

在营销观念下，核心观点是企业各项目标的关键是满足客户的需求和欲望，所以实施以客户需要为导向的一系列营销活动。

在社会营销观念下，核心观点是企业的任务是以社会道德为前提，要比竞争者更有效地满足客户的需要。所以营销活动主要是以社会道德为前提，协调企业、客户和社会三者之间的关系，从而开展的营销活动。

（2）传统营销观念的变迁

传统的营销观念更多注重获取客户，增加市场份额，或者基于产品的竞争战略进行大众化的营销，视客户为对手，关心一次性交易。

传统营销观念也凸显出一些问题，比如吸引新客户的成本较高、客户的流失率较高。在这种情况下，出现了客户关系管理观念，它注重获取、保留和提升客户以及增加客户的份额，基于客户的竞争战略来进行个性化的营销，视客户为共同体，以客户利益为重，关心与客户长期关系的建立。

2. 企业需求的拉动

企业存在的一些问题我们也经常会遇到，比如来自不同群体的抱怨。

来源于客户的抱怨：一个月前我向企业的公共邮箱发了一封电子邮件，要求销售人员和我们联系一下，怎么到现在还没有人回复我?

来源于营销人员的抱怨：有越来越多的人与我联系，但是我并不知道这些人是谁，我们的产品有很多系列，他们究竟想买什么呢?

来源于销售人员的抱怨：从市场部提供的客户信息中，很难找到真正的客户，我们常在这些信息上花费大量的时间，是不是该由我们查找信息呢?

3. 技术的推动

技术方面主要是指智能化管理信息技术，比如计算机技术、网络通信技术、数据仓库技术和商业智能技术，这些技术的广泛运用会促进客户关系管理的发展。

二、客户关系管理的理论发展历程

1. 客户接触理论

客户接触理论指的是收集客户与企业联系的所有信息，以便企业制定市场导向的策略。其理论特点是信息是单向从客户流向企业的，客户与企业之间没有互动。

2. 客户服务理论

客户服务理论是以长期满足客户需要为目标，从客户提交订单到客户收货，在该期间提供持续不断的联系机制。其理论特点是服务方式十分被动，客户没有提出问题，企业就不会开展客户服务，并且这种服务仅限于售后服务范围。

3. 客户关系管理理论

客户关系管理理论主要以客户为导向，全方位认识并理解客户，与客户建立长期良好的互动关系，并能帮助企业从客户身上获取最大价值，是管理方法和技术手段的结合。其理论特点是主动与客户建立长期的联系，实现双向互动。

任务七 客户关系管理的目标

一、客户关系管理的“更多”目标

“更多”是指带动客户数量的增长。增加客户数量的方法主要有以下三种。

1. 挖掘和获取新客户

对于大多数企业而言，获取新客户是企业扩大客户基础、实现企业成长的一种重要手段。

新客户就是指以前并不知道企业产品或者以前不消费企业产品的客户。如何获得新客户呢？就是识别那些潜在客户群。在客户关系管理基础上，企业识别潜在客户群的方法，就是通过先进的数据挖掘技术，探索客户特性与购买行为之间的模式，并据此开展营销活动，将具有较高的潜在关系价值的客户，变成企业实实在在的客户。

2. 赢返流失客户

赢返流失客户就是恢复和重建与已流失客户的关系，主要针对那些曾经是企业客户，因某种原因终止与企业关系的客户。赢返流失客户，首先要分析赢返哪些客户，并对其进行分类，再对这些客户进行细分和排序，最后编制赢返计划。

3. 识别新的细分市场

识别新的细分市场，也可以有效增加企业的客户数量。例如，强生公司原来的细分市场是婴儿产品市场，后来经过新的关系细分，定位到成人市场，向成人推销婴儿用的护肤品，从而开发了新的市场和新的客户。

二、客户关系管理的“更久”目标

“更久”是指延长客户关系的生命周期。也就是构建企业与客户之间的牢固关系，关注的主要是客户关系持续时间的增长，主要任务是加强客户忠诚和客户挽留，延长客户关系生命周期。

1. 客户忠诚

客户忠诚是“更久”的前提，但是忠诚并不只是单纯的重复购买行为，真正的忠诚包括行为和态度两个方面。

2. 客户挽留

越来越多的证据表明，挽留一个现有客户比吸收一个新客户更经济，在客户关系管理中，我们可以根据数据仓库和数据挖掘技术有效地辅助企业实现客户挽留。对于可能流失的客户，可分为值得保留的客户和潜在危险的客户，然后分类采取不同的措施进行挽留。

三、客户关系管理的“更深”目标

“更深”是指促进客户关系的质量提高。加深企业与客户之间的客户关系，使客户关系的质量进一步提高。

客户关系的“更多”“更久”“更深”三个维度并不是从严格意义上来划分的，而是一种理念上的考虑，它为客户关系的发展提供了可能的成长方向，事实上，各个成长维度之间存在着相互影响和互动。

①关系在数量“多”上的发展是潜在关系在“深”度上发展的结果，将潜在的客户关系变成了现实的客户关系。

②关系在“深”度上的发展扩大了客户与企业的关系接触范围，无疑可以分散关系风险，有利于关系在时间“久”上的发展。

三个成长方向的实现手段也并非完全独立，为实现某个方向的成长而做出的努力很有可能促进或阻碍在其他方向上的成长。

企业在进行客户关系管理时，应充分考虑各种因素，实现关系在三个方向上的协调发展。

案例分析

案例一

在美国航空业流传着这样一个故事：某航空公司遇到了一位误机的乘客，而该乘客要去参加本年度最重要的商务会议。于是，航空公司专门调拨了一架轻型飞机，将该乘客送往目的地。正是这样竭尽全力“讨好”乘客的法宝，使这家原本不起眼的小航空公司跻身美国四大航空公司之列。

航空业是一个资本密集型的行业，飞机消耗的成本非常高。另外，航空公司还必须提供超级服务。若出现航班延迟、行李丢失、超额订票、航班取消及服务不良等情况都会使客户流失。对有些企业而言，“以客户为中心”只不过是一句口号。然而在该航空公司，这是一个每天都在追求的目标。该航空公司的员工对客户的投诉所做出的反应是非常迅速的：有五名每周需要通过飞机通勤到外州医学院的学生告诉该航空公司，对他们来说最方便的是某班次的航班，但赶到医学院时总是迟到 15 分钟。于是，为了适应这些学生的需要，该航空公司把航班的起飞时间提前了一刻钟。

案例二

2000 年 8 月，海尔在全球开展了“我的冰箱我设计”海尔冰箱 B2C（企业对消费者）产品个性化定制活动。哈尔滨用户宋先生因房间的布置需要，想要一台左开门冰箱。他首先想到了海尔，到海尔集团的官网一看，果然有用户定制服务，用户可以选择冰箱开门方式等 10 余种特殊需求，他按需求提交订单后，海尔集团立即安排技术人员进行技术攻关。为了满足用户的个性化需求，海尔冰箱事业部经过紧张的现场研制和技术改造，克服了一系列技术方面的难题，4 天后终于生产出了完全符合质量标准的左开门冰箱。

目前，如有海尔集团的国外客户根据当地气候、电压条件及风俗习惯订购特需冰箱，海尔均能在一周内拿出样机，一月内组织批量生产。海尔电子商务的推出，解决了当下消费者需求多样化这一难题，真正实现了生产厂商与消费者之间的零距离。“如果你想要一台三角形的冰箱，你只需打开海尔集团的网站，根据网上提供的模块，选择你所需要的产品，7 天之后这台冰箱就可以送到您的家中。”海尔首席执行官在许多场合都要举这个例子来说明海尔以订单生产为中心的管理革命。能洗地瓜的洗衣机、能打酥油的洗衣机、三角形的冰箱等个性化产品，成为海尔发展的活力源。

案例三

泰国东方酒店成功的秘密要从一个经典的故事说起。

企业家张先生到泰国出差，下榻于东方酒店。次日早上，张先生走出房门准备去餐厅，楼层服务生恭敬地问道：“张先生，您是要用早餐吗?”张先生很奇怪，反问：“你怎么知道我姓张?”服务生回答：“我们酒店规定，晚上要背熟所有客人的姓名。”这令张先生大吃一惊，尽管他频繁往返于世界各地，也入住过无数高级酒店，但这种情况还是第一次碰到。张先生愉快地乘电梯至餐厅所在的楼层，刚出电梯，餐厅服务生忙迎上前道：“张先生，里面请。”张先生十分疑惑，又问道：“你怎么知道我姓张?”服务生微笑答道：“我刚刚接到楼层服务生的电话，说您已经下楼了。”

三年后，张先生在生日时，收到东方酒店寄来的一张贺卡，上面写道：“张先生，你有三年没有到我们东方酒店下榻了，我们全体员工都在想念您!”结果，张先生感动万分，决定以后到泰国一定要住到东方酒店。

正是因为这些服务，东方酒店成为世界十大酒店之一，要订房最少得提前三个月才能定到。

任务	案例启示
分析案例一	
分析案例二	
分析案例三	

学生姓名		指导教师	

活页笔记

1. 请解释“客户”一词的含义，并讨论客户在企业运营中的重要性。

2. 请简述客户可分为哪几类。

3. 请简述客户关系发展的四个阶段及各个阶段的特征。

4. 请概述客户关系管理的内涵。你认为一个成功的客户关系管理项目应该实现哪些具体目标？

5. 请简述客户关系管理的发展历程及理论特点。

问题	解答		
1			
2			
3			
4			
5			
本项目的收获体会与建议			
学生姓名		指导教师	

项目二　熟悉物流客户服务

认知目标

➢ 建立对物流客户服务全面而深入的理解，了解其在物流行业中的核心地位和作用。

➢ 掌握物流客户服务的分类及其特点，能准确区分不同类型的物流客户服务及其对应的服务特点。

➢ 理解物流服务在客户价值创造中的重要性，认识到优质的物流服务对于提升客户价值和客户满意度的关键作用。

能力目标

➢ 学习并掌握如何有效开发物流客户，能够制定并执行物流客户开发策略。

➢ 熟悉物流客户服务在物流运作中的主要内容，能为客户提供全面、专业的物流服务。

➢ 提升解决物流客户服务中问题的能力，能迅速响应客户需求，解决物流过程中的问题。

思政目标

➢ 培养求真务实的学习态度，对物流客户服务的学习和实践保持实事求是的精神。

➢ 树立严谨负责的工作态度，对待物流客户服务工作始终保持高度的责任心和敬业精神。

➢ 增强团队协作和沟通能力，与团队成员共同协作，提供高效、专业的物流服务。

任务一　认知物流客户服务

案例引入

北欧航空公司在20世纪80年代初期因为业绩衰退而陷入赤字困境，当时新上任的公司总经理，着手进行改革。他并没有像其他公司一样裁减员工、削减经费，而是采取完全不同的做法。他认为，经营上最重要的是一线员工与客户的接触过程中让客户满意，这是决定公司业绩的主要因素。于是，开始对公司内部的客户服务进行改革，先对内部员工的服务精神进行培训，然后设立不同等级的座位，还特别开辟了商务人士专用的等级，受到了极佳评价。

每当出现延误等问题，这位总经理都亲自打电话进行了解，彻底实施准时的时刻管理。为什么他将着眼点放在与客户的接触过程中呢？是因为他非常重视客户服务。

一、客户服务的概念及重要性

1. 客户服务的概念

客户服务是一种无形产品，它和普通意义上的产品不同，是看不见摸不着的。所以当销售服务产品时，如何将这种无形的产品以有形的方式表现出来，这就需要研究了。

客户服务就是根据客户的喜好使其获得满足，最终使客户感受到重视，并成为企业的忠实客户。

2. 客户服务对企业的重要性

（1）塑造企业的品牌

品牌是企业在市场竞争中获取竞争优势的一个非常有效的战略。你的品牌是什么？是你的产品质量？还是你的产品价格？还是其他？随着市场竞争的白热化，不能只通过质量和价格来战胜竞争对手。企业管理者发现，这种无形的客户服务能使其竞争产生差异化，成为21世纪企业塑造强势品牌的有效手段。

（2）扩大销售

企业通过在销售过程中为客户提供更好的服务，让客户满意，增长消费知识，了解市场信息，从而扩大销售量，给企业带来更多的利益。

二、物流客户服务认知

1. 物流客户服务的定义

物流客户服务是指物流企业为促进其产品或服务的销售与客户之间的相互活动，这个活动的内容主要是满足货主要求、保障供给，而且在供给上满足货主安全、准确、快速、经济的要求。

2. 物流客户服务的构成要素

从物流服务的过程看，物流客户服务的构成要素可分为交易前要素、交易中要素、交易后要素三个部分。

(1) 交易前要素

这部分要素直接影响客户对企业或者产品的初始印象，好的交易前要素会为物流企业后期开展客户服务奠定良好的基础。具体内容包括：客户服务的书面指南、客户服务组织结构、系统灵活性及应急服务。

(2) 交易中要素

这部分要素主要发生在物流服务的过程中，是直接与客户发生接触的环节，所以这部分要素非常关键。具体内容包括：订货信息、订货周期的各项因素、准确性、产品的可替代性。

(3) 交易后要素

交易后要素是在客户收到产品或者服务结束以后继续发生的服务部分。这部分要素对于挽留客户，让客户成为忠诚客户非常重要。具体内容包括：安装、品质保证、客户的索赔处理、产品的跟踪、客户关系维护。

任务二　物流客户服务分类

一、传统的基础物流客户服务

1. 物流运输客户服务

物流运输客户服务主要涉及物流运输合理化的问题，包括运输方式的选择、运输的效率问题等。

2. 物流保管客户服务

物流保管客户服务以仓储管理为主，需要做的主要是降低仓储成本，提高仓储保管水平。

3. 物流配送客户服务

物流配送客户服务是直接面对最终客户所提供的物流服务，需要将小批量、多品种的货物在一段时间内准时交付给客户，所以主要也是以配送服务合理化为主。

4. 物流装卸客户服务

为了加快商品的流通速度，物流装卸客户服务需要做的就是提高装卸搬运作业效率，缩短订货周期，减少作业对商品造成的损坏。

5. 物流包装客户服务

包装包括物流包装和销售包装，两种包装目的不同，我们要做的就是降低包装成本，促进商品销售，保护商品安全。

6. 物流流通加工客户服务

流通加工的目的是进一步方便生产或者销售，提升产品的附加价值。

7. 物流信息处理客户服务

现代物流企业几乎离不开信息技术，所以这部分服务主要就是提升信息技术水平，通过信息化提升企业效率，让客户满意。

8. 供应链客户服务

供应链客户服务主要是网络结构模式，这部分服务必须遵循供应链管理的原则和双赢策略，并建立战略合作伙伴关系。

大多数企业现在基本都可以实现传统的基础物流客户服务。

二、增值物流客户服务

增值物流客户服务有别于传统的基础物流客户服务，它更加强调服务之间的差异性和增值空间，给企业带来的效益也远远超出传统的基础物流客户服务，但是实施难度较大。增值物流客户服务可分为以下几类。

1. 增值便利服务

增值便利服务是指一切都尽量简化，实现一条龙、“门到门”的一站式物流服务。

2. 加快反应速度的服务

加快反应速度的服务要求做到快速反应，不仅要准时，更要快速。企业可以通过优化电子商务系统的配送中心和物流中心的网络，重新设计适合电子商务的流通渠道，以此来减少物流环节，简化物流过程，提高物流系统的快速反应能力。

3. 降低成本的服务

降低成本不是单一的某个环节的成本减少，而是通过企业间的战略合作，实施共同计划，通过信息技术和网络技术来降低物流总成本。

4. 延伸服务

增值物流客户服务使整个物流过程更加完整，将整个供应链集成在一起，提供物流服务。向上可以延伸到市场调查、采购等，向下可以延伸到配送、物流咨询、教育和培训等。

任务三　物流客户开发

某公司是中国具有领先地位的物流服务供应商，核心业务包括：货运代理、快递服务、船务代理。支持性业务包括：仓储和码头服务、物流运输、海运。该公司于2003年2月在中国香港联合交易所成功上市。该公司业务范围包括广东、福建、上海、浙江、江苏、湖北等主要沿海地区和其他战略性地区，并拥有一个广泛而全面的服务网络。针对该公司客户服务系统的要求，该公司规划并建设了物流客户服务中心系统。

请思考：该公司应该如何确定新客户开发的流程？

一、寻找物流客户

要想寻找物流客户，首先要进行市场细分。

1. 市场细分的概念

市场细分在营销学中是一个非常有效的工具，在市场营销过程中起到关键作用。通过市场细分，可以帮助决策者准确找出市场中哪些客户才是企业真正需要关心的部分，从而帮助企业制定明确的营销策略。

物流市场也同样如此，我国地大物博，不同地区、不同行业的市场需求不同，所以物流企业也同样需要进行准确的市场细分，来设计相应的产品，满足市场的需求。

物流市场细分就是根据物流需求者的不同需求和特点，将物流市场分割成若干个不同小市场的分类过程。

2. 物流市场细分的分类

市场细分后所形成的市场通常要具有一定的规模，因为如果规模不大，必然会造成企业资源的浪费。所以在细分市场时可按照以下标准来进行。

①按客户所属行业性质：将物流市场分为农业、制造业、商贸业等。

②按地理区域：将物流市场分为区域物流、跨区域物流和国际物流。

③按商品属性：将物流市场分为投资品市场和消费品市场。

④按客户规模：将物流市场分为大客户、中等客户、小客户。

⑤按客户价值：将物流市场分为关键客户、潜力客户、一般客户。

⑥按时间长短：将物流市场分为长期客户、中期客户和短期客户。

二、选择物流目标客户

选择物流目标客户是物流客户开发的重点，只有找到恰当的物流客户，明确了他们的需求，才能顺利进行客户开发。具体的选择方法主要有以下几种。

1. 逐户拜访

物流客户服务人员在特定的区域内挨家挨户进行访问，以挖掘潜在客户。在这个过程中，最关键的就是收集和整理客户的相关信息。这种方法的好处在于可以扩大搜寻范围，但是缺点是过于盲目，容易遭到客户的拒绝。

2. 客户介绍

客户介绍是指通过老客户的介绍来寻找新客户，这种方法非常普遍，而且成功的概率很高。这种方法的好处在于信息较准确可靠，可减少客户开发过程中的盲目性，而且很容易得到客户的信任。缺点在于难以制订完整的客户开发计划，客户服务人员一般较被动。

3. 市场咨询

市场咨询是利用市场信息服务机构所提供的有偿咨询服务来寻找客户，这种方法针对性很强，但是成本比较高。

4. 直接邮寄

对客户服务人员来说，这种方法也比较行之有效，而且覆盖面很广，涉及客户数量很多，但是周期很长，回复率非常低。

5. 电话访问

电话访问是指通过电话地毯式访问，这种方法覆盖面很广，时间短，效率也比较高。但是现在很多客户对电话访问都很反感，所以对电话服务人员的基本能力要求很高。

除了以上几种方法，还有一些方法，如网上寻找、个人观察、会议寻找、俱乐部寻找等。选择客户的方法很多，每种方法都各有优点和缺点，所以要有针对性地进行选择。

三、拜访物流目标客户

选择完客户后就要进行拜访，拜访可分为以下几个步骤。

1. 拜访物流目标客户的准备工作

拜访之前，要做好一系列准备工作，通过这些准备工作能更好地了解客户，从而更好地为拜访打好基础。准备工作包括明确拜访目的、做好访前计划、确定拜访时间、准备相关资料，熟记相关数据、制定应急方案。

2. 通过电话、信函等取得联系

确定目标客户以后，应通过电话、信函等方式与客户取得联系。

3. 确认拜访时间及地点

在取得联系之后，再进一步确认拜访客户的时间和地点，以便做好准备，准时赴约。

4. 做好开场白

在与客户初次见面时，要注意开场白，一个好的开场白可以创造一个友好的谈话环境，解除目标客户的戒备心理，并获得客户的信任。

5. 介绍公司基本情况

用较为简洁的语言向客户介绍本公司的文化背景、行业实力等情况，让客户对企业情况有所了解。

四、处理物流客户异议

在交流接触过程中，如果客户有异议或者不满，需要与客户进一步接触，达成一致。

五、与物流客户达成交易

经过双方信息交流和反馈以后，要及时制订合作计划并确定详细内容，建立客户档案资料卡，只有全面掌握客户资料，才更有利于物流企业开展有针对性的服务。

六、跟踪回访

跟踪回访是整个流程的最后一步，这个步骤是为了进一步加强与客户之间的业务联系和沟通，解决疑难问题，为后面的服务开展打下基础。

任务四　物流服务的客户价值

一、实现客户价值

1. 客户价值的内涵

20 世纪 90 年代以来，客户导向的竞争观念已在全球企业中得到了广泛普及。研究资料表明，客户导向型的企业的确经营状况比较好，只要每年客户流失率能降低 5%~10%，公司的利润便可以增加 25%~75%，比例多少视行业而定。在这种情况下，越来越多的企业开始重视以客户价值的创造为核心的战略导向，但对客户价值的理解存在分歧，主要体现在对客户价值的流向、方向性和所有者认定等方面。归纳起来有两种：①客户价值方向是从企业到客户，即企业为客户创造价值，其受益者和所有者都是客户，称为客户价值。②客户价值方向是从客户到企业，即客户为企业创造价值，其受益者和所有者都是企业，称为客户终身价值。

因此，客户价值的内涵主要体现在以下两个方面。

（1）从客户角度出发

客户价值即客户让渡价值，是指客户期望从某一个特定的产品或服务中获得的一组利益及其在评估、获得和使用该产品和服务时引起的预计费用之差。该组价值是由企业创造并交付给客户的，价值的感受主体是客户，受益者也是客户。

（2）从企业的角度出发

客户价值是客户在时间上带给企业的利润最大化，是企业在发展、培养和维持与特定客户的特定关系时，由客户带给企业的一组利益，即关系价值。该组价值是由客户提供给企业，并且是在一段时间内产生的，其感受主体和受益者是企业。

2. 客户价值的含义

客户价值是指发生在购买活动或相关行为之后的总收益与所发生的总成本之间的差别。

这一思想的另一种表述方式为：客户价值=总收益÷所有权总成本。注意，客户价值可以用绝对值表示，也可以用相对值表示。

正是因为客户服务的多样性以及具体市场上宽泛并且变化的需求，使拥有一套明确的客户服务策略对每个企业具有重要的意义。

二、客户让渡价值

客户让渡价值是指整体客户价值与整体客户成本之间的差额部分。其中，整体客户价值是指客户从产品或服务中期望得到的所有利益，包括产品价值（产品的质量和功能）、服务价值（企业在售前、售中到售后整个过程提供的服务水平）、人员价值（企业员工与客户互动过程中体现出来的知识水平和责任感）、形成价值（与企业品牌和公众形象有直接的联系）四个方面，是这四个方面的综合体现。整体客户成本包括货币成本、时间成本、精力成本、体力成本。

三、客户终身价值

1. 客户终身价值的含义

对于客户的价值而言，企业不仅要发掘客户的单次价值，更重要的是挖掘客户的终身价值。

所谓客户终身价值，是指企业与客户在整个交易关系维持的生命周期里，减去吸引客户、销售以及服务的成本，并考虑资金的时间价值，企业能从客户那里获得的所有收益之和。

2. 客户终身价值的作用

客户终身价值在客户管理中具有重要作用，它是企业维持长期稳定发展的基础。

以下是几家公司对其客户终身价值的预测：

①可口可乐公司预测，其一位忠诚客户 50 年能给公司带来的收益是 1. 1 万美元。

②万宝路公司预测，其一位忠诚的个人客户 30 年能给公司带来的收益是 2. 5 万美元。

③美国电信公司预测，其一位忠诚客户 30 年能给公司带来的收益是 7. 2 万美元。

可以看出，客户终身价值的意义就在于表达忠诚客户对企业生存和发展的重要且长期的影响，以刺激企业对忠诚客户的高度重视，努力维系自己的忠诚客户。

3. 客户终身价值的组成

根据对客户价值内容的研究分析，客户终身价值的公式为：

$$CLV = CLV1 + CLV2 + CLV3 + CLV4 + CLV5 + CLV6$$

CLV：客户终身价值；

CLV1：客户期初购买给企业带来的收益；

CLV2：客户重复购买及提高购买支出份额给企业带来的收益；

CLV3：交叉销售给企业带来的收益；

CLV4：服务成本降低并能原谅某些失误及营销效率给企业带来的收益；

CLV5：推荐收益；

CLV6：重复购买者或忠诚客户对价格敏感度降低，不等降价或讨价还价才购买所获得的收益。

任务五　物流客户服务的内容

一、物流保管客户服务

1. 物流保管客户服务的含义

物流保管客户服务主要是指物流企业平时所需的原材料、配件等货品的出入库，以及在制品、半成品的出入库保存和管理的过程。

2. 物流保管客户服务的作用

①可以调节商品的时间需求；

②可以降低运输成本，提高运输效率；

③可以更好地满足消费者个性化消费的需求。

3. 物流保管客户服务的主要内容

①商品入库服务，主要包括商品入库交接和商品入库验收服务。

②商品储存保管服务，主要包括做好仓库平面的合理布置，进行商品储存规划，妥善进行堆码苫垫，控制好仓库的温度和湿度，认真对在库商品进行检查和盘点。

③商品出库服务，主要包括商品出库前的准备、验单、登账、配货、待运、复核、交户和销账等服务。

4. 物流保管客户服务的程序

①接货服务。根据储存计划和发运单位、承运单位的发货或到货通知，进行货物的接收及提取，并为入库保管做好一切准备工作。

②保管服务。根据货物的特性和进出库的计划要求，对入库的货物进行养护、管理工作。

③送货服务。安全、准确、及时地将货物送达客户手中，提高客户的满意度。

二、物流流通加工客户服务

1. 物流流通加工客户服务的含义

物流流通加工客户服务，就是商品从生产者向消费者流通的过程中，为了增加附加价值、满足客户需求、促进销售而进行的简单的组装、剪切、套裁、贴标签、刷标志和分类等操作。

2. 物流流通加工客户服务的主要内容

①为弥补生产领域加工不足的深加工；

②为满足需求多样化而进行的服务性加工；

③为保护产品所进行的加工；

④为提高物流效率、方便物流作业所进行的加工；

⑤为促进销售的流通加工；

⑥为提高加工效率的流通加工；

⑦为提高原材料利用率的流通加工；

⑧为衔接不同的运输方式使物流合理化的流通加工；

⑨为提高经济效益、追求企业盈利的流通加工；

⑩生产流通一体化的流通加工。

3. 物流流通加工客户服务的地位

（1）物流流通加工客户服务有效地完善了流通

它是补充、完善、提高和增强物流作用的功能要素，从某个角度看，它能起到运输和储存等其他功能要素无法起到的作用。所以，物流流通加工客户服务的地位是提高物流水平、促进流通向现代化发展的不可或缺的物流形态。

（2）物流流通加工客户服务是物流重要的利润源泉

实践证明，有的流通加工通过改变装潢使产品档次跃升而充分实现其价值，有的流通加工将产品利用率一下提高 20%~50%，这是采取其他方法难以企及的。我国近年来的实践表明，流通加工仅就向流通企业提供利润这一点，其成效并不亚于从运输和储存中挖掘的利润。可见，物流流通加工客户服务是物流重要的利润源泉。

（3）物流流通加工客户服务是社会再生产中重要的加工形式

在整个国民经济生产和流通的运行方面，流通加工是其中一种重要的加工形态，对推动国民经济的发展和完善国民经济的产业结构、生产分工有一定的意义。

三、物流运输客户服务

1. 物流运输客户服务的含义

物流运输客户服务是指利用设备和工具，将货物从一个地点向另一个地点运送的物流活动，其中包括集货、搬运、中转、装入、卸下和分散等一系列操作。

2. 物流运输客户服务的主要内容

①取货、运输和送货服务；

②及时提供运输车辆和运输状况等业务的咨询；

③货物丢失或损坏时，能够及时处理有关索赔事宜；

④正确填制提单、货票等运输凭证；

⑤为重点客户提供增值服务，如分拨与配送等延伸服务，通过 GPS（全球定位系统）提供实时的运输跟踪信息；

⑥提供运输网络设计和规划，并提供“门到门”服务。

3. 物流运输方式

目前熟悉的运输方式主要有：铁路运输、公路运输、水路运输、航空运输、管道运输。在具体选择运输方式时，往往要受当时特定运输环境的制约，必须根据运输货物的各种条件综合判断选择哪种运输方式。

在选择运输方式时，要考虑运输货物的种类、运输量、运输距离、运输时间和运输费用。

各运输方式的特点主要包括以下几点：

①水路运输货载量最大，速度慢，受到地域限制；

②铁路运输货载量大、速度快，是内陆地区大宗货物运输的主要方式；

③公路运输是非常普遍的运输方式，货载量小，其最大的优点是可以实现点对点的运输；

④航空运输货载量最小，速度最快，成本高；

⑤管道运输普遍性差，运送货物单一，成本高。

四、物流配送客户服务

1. 物流配送客户服务的含义

物流配送客户服务是指按用户或收货人的订货要求，在配送中心或其他物流节点进行集货和配货业务，并将配置货物送交客户或收货人的过程。这一过程由集货、配货和送货三部分构成。

2. 物流配送客户服务的主要内容

①企业对企业的配送服务是发生在完全独立的企业与企业之间，或者发生在企业集团与企业之间的服务，是属于社会开放系统的企业之间的配送供给与配送需求。

②企业内部的配送服务大多发生在巨型企业之中，一般有两种情况，一种是连锁型企业的配送，另一种是巨型企业的内部配送。

③企业对消费者的配送服务是在社会一个大的开放系统中所进行的配送。

3. 物流配送客户服务的主要方式

①定时配送：按规定的时间和时间间隔进行配送，主要包括以下几种形式。

小时配：接到配送订单要求后，在 1 小时内将货物送达。

日配：接到配送订单要求后，在 24 小时内将货物送达。

准时配送方式：按照双方协议时间，准时将货物配送到用户手中。

②快递方式：一种快速配送服务方式。

③定量配送：按事先协议规定的数量进行配送。

④定时定量配送：按规定的配送时间和配送数量进行配送。

⑤定时定路线配送：在规定的线路上，制定车辆到达的时间表，按运行时间表进行配送。

⑥即时应急配送：按用户突然提出的要求，随即进行配送。

⑦共同配送：对多家企业一起进行配送。

案例分析

案例：中邮物流服务的创新——一体化服务

中邮物流有限责任公司（以下简称中邮物流）成立于 2003 年 1 月 18 日，是我国国家邮政局应对中国加入 WTO 后市场竞争的新形势、结合邮政自身业务特点而组建的，采用全新体制和机制、实行市场化运作、专业经营和管理邮政物流业务的大型国有企业，是集仓储、封装、配送、加工、理货、运输和信息服务于一体的现代化综合性物流公司。

中邮物流依托自身强大的网络资源做后盾，根据国内与国际客户的不同需求，量身定做了针对不同需求的物流业务。中邮物流坚持：服务，无限可能。其中一体化物流业务是其核心业务，在手机、医药、化妆品、汽车零配件等行业已有所突破。以多批次、高时效、高附加值、小批量、小体积、小重量的物品为对象，根据客户需求，定制从订单处理、运输、配送到库存管理、流通加工、信息服务、退货处理、代收货款的端到端的一体化物流解决方案，为客户提供物流、信息流和资金流“三流合一”的供应链管理服务。

中邮物流及其各省市子公司都在致力一体化物流开拓，但总的来看，该物流业务收入占全部物流业务收入的比重还比较小，不少地方还没有开发出一体化物流项目。要改变这种状况，一项重要的工作就是要超越传统物流服务模式，在服务理念、服务内容和服务方式上实现创新。

1．服务理念的创新

邮政发展物流，是从同城配送和直接递送等功能性物流服务切入的。要发展一体化物流，首先要认清一体化物流与功能性服务性质、服务目标和客户关系的本质区别，树立全新的服务理念。

①一体化物流服务不是两个以上功能服务的简单组合，而是提供综合管理多个功能的解决方案。一体化物流业务的市场竞争，实际上是物流解决方案合理性的竞争。在开发一体化物流项目时，必须对目标客户的经营状况、物流运作及竞争对手的情况等有透彻的了解，根据中邮物流的优势提出客户物流服务可以改进之处，为客户定制物流解决方案。而要做到这些，中邮物流必须不断研究目标市场行业的物流特点和发展趋势，成为这些行业的物流服务专家。

②一体化物流服务的目标，不仅是降低客户物流成本，而是全面提升客户价值。例如，中邮物流为客户提供一体化物流服务，将按省仓储改为按区域仓储，减少了仓库数量，加快了库存周转，降低了客户物流费用；通过改自提为配送，让客户企业的销售人员专注市场开拓，促进了销售增长；通过网上代收货款，加快了客户的资金回收。这些服务综合起来，就从整体上提高了客户经济效益。

③一体化物流服务的客户关系，不是此消彼长的价格博弈关系，而是双赢的合作伙伴关系。既然一体化物流服务是管理的服务，目标是全面提升客户价值，那么一体化物流服务的收益不应仅来自功能性服务收费，而应该与客户分享物流合理化所产生的价值。

2．服务内容的创新

中邮物流要在一体化物流服务市场的激烈竞争中取得优势，就必须以客户为中心，充分发挥邮政“两网三流”的优势，在运输、仓储、配送等功能性服务基础上不断创新服务内容，为客户提供差异化、个性化物流服务。

①由物流基本服务向增值服务延伸。传统物流服务是通过运输、仓储、配送等功能实现物品空间与时间转移，是许多物流服务商都能提供的基本服务，难以体现相同服务商之间的差异，也不容易提高服务收益。一体化物流服务则应根据客户需求，在各项功能基本服务的基础上延伸出增值服务，以个性化服务内容表现出与市场竞争者的差异性。

②由物流功能服务向管理服务延伸。一体化物流服务不是在客户的管理下完成多个物流功能，而是通过参与客户的物流管理，将各个物流功能有机衔接起来，实现高效的物流系统运作，帮助客户提高物流管理水平的控制能力，为采购、生产和销售提供有效支撑。因此，在开发一体化物流项目时，要在物流管理层面的服务内容上做文章，包括客户物流系统优化、物流业务流程再造、订单管理、库存管理、供应商协调、客户服务等，从而为客户提供一体化物流解决方案，实现对客户的“一站式”服务。

③由实物服务向信息流、资金流服务延伸。物流管理的基础是物流信息，是用信息流来控制物流，因而一体化物流服务必须在提供物流服务的同时，提供信息流服务，否则还是物流功能的承担者，而不是物流管理者。物流信息服务包括预先发货通知、签收反馈、订单跟踪查询、库存状态查询、货物在途跟踪、运行绩效监测、管理报告等内容。

例如，中邮物流为客户提供信息监控，使客户能及时掌握区域销售情况，有效进行销售经营管理，是信息服务的增值作用。一体化物流服务商要与客户形成战略伙伴关系，参与客户的供应链管理，实现物流、信息流与资金流的协同运作，因此为客户提供代收货款、垫付货款等资金流服务，是物流市场竞争的最新焦点。

3. 服务方式的创新

与功能性物流单一的交易服务方式相比，一体化物流在服务方式上更具灵活性，要根据客户需求，结合自身优势和发展战略，与客户共同商定最佳服务方式。

①从短期交易服务到长期合同服务。功能性物流服务通常采用与客户一单一结，拣选交易服务方式，而一体化物流服务一般需要与客户签订一定期限的服务合同，按照项目管理模式进行运作。

②从完成客户指令到与客户协同工作。功能性物流是作业层面的服务，通常只需

要单纯地按照客户指令完成服务功能。而一体化物流服务由于要参与客户的物流管理和运作，与客户共同制定物流解决方案，因而需要自始至终与客户建立有效的沟通渠道，协同完成物流运作。不少物流企业建立与客户双方物流人员联合办公制度，或成立由双方物流人员联合组成的运作团队，以及处理日常运作中的问题。中邮物流倡导的大客户派驻制，就体现了与客户协同工作的特点。

③从提供物流服务到进行物流合作。对自身拥有物流系统或具有战略价值的客户，可采取灵活的方式进行合作。如果物流公司在某地区需要建立物流系统，则可系统接管客户在该地区的车辆、仓库、设备乃至接受其员工，或与客户签订物流系统管理合同，在为客户服务的同时，利用其物流系统为其他客户服务，以提高利用率并分担管理。

要在降低成本的同时实现较高的物流服务水平，必须把握物流服务管理的基本准则，强化物流服务管理的理念，从而保持成本与服务之间的均衡关系。一体化物流服务是管理的服务，不是功能性的服务，目标是全面提升客户价值。

任务	案例启示		
分析案例			
学生姓名		指导教师	

活页笔记

1. 请简述物流客户服务的定义，根据物流服务的过程分析，其构成要素可分为哪三个部分？

2. 请阐释增值物流客户服务。

3. 在物流行业，如何有效地开发新的客户？请简述物流客户开发流程。

4. 请分别从客户角度和企业角度分析客户价值。

5. 请从物流储存、流通加工、运输、配送四个方面阐述物流客户服务的内容。

问题	解答		
1			
2			
3			
4			
5			
本项目的收获体会与建议			
学生姓名		指导教师	

项目三　识别物流客户群体

认知目标

➢ 了解潜在客户的定义及其对企业的重要性，明确潜在客户是企业利润增长的重要源泉。

➢ 理解潜在客户转化为现实客户的关键要素，包括需求匹配、信任建立等。

➢ 熟悉客户来源分析的多维度思路，包括市场细分、目标客户识别等。

能力目标

➢ 掌握潜在客户转化为现实客户的具体方法和技巧，提升销售转化效率。

➢ 学会使用多种途径和方法寻找潜在客户，如市场调研、网络营销等。

➢ 在市场竞争中，能够有效地识别并分析目标客户群体，为企业制定精准营销策略提供支持。

思政目标

➢ 树立对当今社会的责任感，认识到岗位需要积极承担社会责任，推动社会进步。

➢ 培养对环境保护的责任感和担当，在业务开展过程中注重环保，降低对环境的负面影响。

➢ 强化团队协作和沟通能力，在寻找潜在客户和进行客户转化的过程中，与团队成员保持良好的沟通与协作，共同为企业的发展贡献力量。

任务一　潜在客户的识别

一、潜在客户的概念

潜在客户是指目标市场中那些有购买需求也有购买能力，同时拥有购买决策权的，但是因为种种原因（如不了解产品）而尚未做出购买行为，但有望成为现实客户的个人或组织。

二、潜在客户的类型

从不同的角度划分，客户可分为不同的类型。

1. 从近期可能购买产品的时间上划分

①热客：可能一个月内就会购买；

②暖客：可能三个月才会购买；

③冷客：可能在三个月以后甚至更长的时间才会做出购买决策。

2. 从客户对企业的重要程度划分

①重要程度最高的；

②重要程度较高的；

③重要程度一般的。

3. 从潜在客户的购买类型划分

①新购：完全是首次做出购买行为的客户；

②添购或重构：在现有的品种上再次购买，或者有规律、持续地购买的客户；

③更新购买：购买新研发的产品，以代替正在使用的产品的客户。

三、潜在客户的转化

促进潜在客户转化为现实客户是企业整个客户关系管理中一个重要的内容，潜在客户的转化其实质就是市场的拓展。一般来讲，潜在客户的转化需要有一定的条件，同时也需要企业营销管理人员和客户管理人员进行一系列的促进工作。

企业在促进潜在客户向现实客户转化的过程当中，应抓住以下 9 个要点。

1. 强调客户的需求和欲望

产品的品质、文化品位都取决于客户的认知，真正的营销价值要以客户为核心。

发现潜在客户，为潜在客户提供合适的产品，就必须先要调研客户的内心世界。只有充分与客户进行沟通，了解产品知识、品牌机制和产品的效用需求及其评价标准，以及客户的个性、品位等一系列因素，才能找准潜在客户的心理并获得现实客户。

客户产品策略必须从客户的需求与欲望出发，而不是从企业的研发部门出发。市场上最成功的产品往往不是最好的产品，而是市场上最需要的产品，也就是通常所说的适销对路。

2. 加强品牌建设

在同类产品较多的情况下，企业只有通过品牌效应达到营销目的，这是客户较高层次的需求和欲望。通过品牌力量的扩张，达到市场的扩张。

产品属性易复制，而品牌个性、文化价值、利益及其组合是难以复制的。品牌力量的渗透、扩展形成品牌接受力，进而形成品牌偏好、品牌忠诚，进而使企业占有市场，获得最终的竞争优势。

3. 降低客户的付出成本

对于客户来说，客户付出的成本包括资金和时间，甚至还包括客户在使用产品时所带来的烦恼和不快。客户一般只会购买他们认同的价值，客户不认同的，产品就销路差。因此，企业需要分析客户的认知价值，根据认知价值对产品进行定价。

定价的关键不是卖方的成本，而是买方对价值的认知。而认知价值是利用多种沟通手段在购买者心目中建立起来的。

4. 提供购买的便利

企业生产出来的产品，只有通过一定的市场营销渠道，经过物流过程，才能在适当的时间、地点，以适当的价值供应给广大的客户。这时企业就应该考虑，如何大量销售，如何降低成本。为了达成这样的目标，企业必须不断分析市场状况和客户的购买行为，根据客户购买方式的偏好，给客户最好的服务和最大的方便。

5. 进行有效的沟通

要促进潜在客户的转化，就要求与客户进行对话与沟通，企业必须与客户进行信息的交换。为了达到这样的目的，企业必须先了解客户的习惯和偏好。

再了解客户的需要，根据客户的需要进行回应。

产品生命周期的缩短以及产品多样化、个性化的需求，也要求企业随时倾听客户的声音，时刻保持与客户的沟通，留意客户的动向，应季、应时、应人地满足市场需求。

6. 重视与客户的接触

接触管理主要解决的问题是企业选择在什么时间、什么地点、什么情况下与客户进行有效的沟通，此外还要考虑接触的时长、方式、内容等因素，对客户有什么样的影响。

信息传达的方式和时机与所传达的内容是密切相关的。在接触管理过程中，企业必须考虑最能影响客户购买决策的因素，以及潜在客户的信息传递因素。

7. 强化潜在客户的动机

强化动机可以促使潜在客户购买本企业的产品，这是能够实现销售的一个关键环节。这个阶段企业应该考虑很多因素，包括：哪些客户在寻求资料、客户从什么渠道寻求资料、客户最终关注的是哪些方面的产品特性等。

8. 促进客户的购买

潜在客户在决策过程中总会遇到各种阻力，包括经济的和社会的阻力，这些阻力会影响客户的决定。因此提前了解可能面临的阻力，就能通过恰当的营销手段，比如价格调整、产品优良性的转变、广告宣传、支付形式的改变、退换的条件等来消除潜在客户购买过程中的阻力。

9. 实现销售

使潜在客户的需求得到充分的满足，并获取有利的评价，这样才能让客户重复购买，并且对其他客户产生积极的影响。要实现销售，企业就要有正确的销售渠道做保证，所以要研究目标客户和潜在客户的信息，以及产品在他们心目中的地位。

安排售后服务活动能有效促进客户重复购买，具体包括技术咨询服务、安装调试、维修服务以及客户意见收集和处理工作等。

任务二　潜在客户的寻找路径

一、来自朋友和熟人

在朋友和熟人中往往蕴含着非常丰富的潜在客户资源，销售人员可以从自己的亲朋好友中列出潜在客户的名单。销售人员也可以通过以下途径寻找潜在客户：①以前工作单位的同事；②各阶段的同学；③参与其他活动时结识的新朋友等。

将以上人员的名单列出之后还要定期进行更新调整。

二、利用自己的关系链

寻找潜在客户的有效途径之一，就是通过无穷的关系链来寻找潜在客户。每次访问客户之后，都可以向客户询问有无其他可能对该产品或服务感兴趣的人，这样不必花费很多时间就可以开发新的潜在客户了。

三、利用有影响的人物

有影响的人物一般是指那些因其地位、职务或者人格而对周围的人有影响的人，他们是人们心目中的引导者，影响力就像车轮的辐条一样，辐射四面八方。

四、利用没有竞争关系的销售人员

对于销售与本企业无竞争性产品的销售人员，可以跟他们建立合作关系，这种关系圈是获得潜在客户的一个绝佳的路径。

五、通过上门推销的方式

销售人员大多先确定可能有潜在客户的区域，然后挨家挨户地上门推销，这个过程也能帮助销售人员找到一定的潜在客户。

六、观察

销售人员可以通过自己的观察来寻找潜在客户，需要注意周围的人群，寻找他们所具备的潜在客户的一些特点，对产品是否有相应的需求，从而判断其是否是一个潜在客户。

七、名单和客户电话簿

当委派销售人员到某一个区域进行销售工作时，有的企业会提供一份名单或者一份电话簿给销售人员，这是一个有利的起点。

此外，销售人员还应该注意其他信息来源，如报纸、图书、杂志、企业名录、企业电话簿等。通过分析这些资料，找到可能对产品或者服务有需求的企业、个人或组织。

八、直接邮寄信件

通过直接邮寄信件寻找潜在客户也是一种非常有效的方法。潜在客户收到产品推广的信件后，如果对产品或者服务感兴趣会回复，尽管如今这种方式的效率可能会比较低，但是这种做法仍然是有价值的。即使每100封信只能做成一两笔生意，但是这个做法仍然有价值，特别是对于一些比较昂贵的产品或服务而言。

直接邮寄信件的方式虽然成功率并不高，但是从投资回报率的角度来看还是值得一试的，所以它也可以作为寻找潜在客户的途径之一。

九、广告

许多大型企业都利用广告帮助销售人员发现潜在客户，比如在杂志广告的下面提供一些优惠券，让读者从广告的接口获得更多有利信息，也让销售人员有机会接触到潜在客户。

十、讨论会

这种方式也是现在比较常见的，尤其在一些无形产品（如保险、证券等）的推销过程中，就会经常召开讨论会，感兴趣的人会主动来参加，为企业降低寻找潜在客户的成本。

十一、电话推销

电话推销的方式和途径也比较多，最广义的分类包括呼入式的和呼出式的。呼入式的电话推销是潜在客户给企业来电，而呼出式的电话推销则是销售人员主动接触潜在客户。寻找潜在客户最简单的方式就是电话推销。

电话推销的应用非常广泛，主要也是因为它的成本比较低，在电话推销时，销售人员要注意表达技巧，和与客户之间的沟通方式，这也是电话推销在运用过程中的一个难点。

十二、运用报刊及其他纸质媒介

报刊提供了潜在客户的诸多线索，销售人员可以经常在报纸、杂志上寻找一些栏目，有些贸易杂志会提供一些重要的信息，如整个行业的发展趋势和与行业相关的时事新闻，包括即将出台的计划、管理阶层的变迁以及最新的交易情况等。

经常关注各种媒介，有助于找到和企业、产品相关的潜在客户。商业电话簿和名录也是提供潜在客户信息的另外一个重要来源，有助于找到潜在客户。

任务三 潜在客户的寻找方法

一、资料搜寻法

1. 资料搜寻法的界定

资料搜寻法就是销售人员通过查阅各种现有的信息资料来寻找潜在客户的方法。

在一些发达国家，情报资料系统比较完善，为销售人员查阅各种信息资料提供了便利，因而资料搜索法是发达国家销售人员寻找潜在客户一种常用的方法。

而在我国，各类信息资料的收集、整理和汇编还较为欠缺，现阶段尚未形成较为系统化的情报资料网络，供销售人员查阅的资料也比较有限，主要有工商企业名录、统计资料、产品目录、工商管理公告、书报杂志以及专业团体会员名册等。

2. 资料搜寻法的技巧

资料搜寻法的使用技巧，主要有以下三点。

①养成相关行业信息收集的习惯，从大量的信息中快速判断出谁是潜在客户，靠的是销售人员的直觉。这种直觉得益于对资料的大量收集与分析。有效获取大量有用信息的一个方法就是建立获取信息的渠道与路径，并且长期坚持，也就是积少成多。

②多参与本行业的各类交流活动，本行业的展览会、研讨会以及各种形式的聚会，都是行业信息的集散地，销售人员可以从这些会议中获得大量的宣传资料。

③有意识地留意一些媒体的信息，读书、看报、看电视、上网都可以提高找到潜在客户的概率。

3. 资料搜寻法的评价

资料搜寻法是运用非常广泛的一种方法，采用这种方法可以降低寻找潜在客户的盲目性，缩短寻找潜在客户的时间，节约成本。同时由于时效性较差，加之有些资料的内容比较简略，信息容量较小，使这种方法具有一定的局限性。

随着网络技术的发展，出现了一种新的方法叫网络搜寻法。近年来，随着互联网技术的不断发展与完善，电子商务和网络推销也开始盛行，市场交易双方都在利用互联网搜寻潜在客户。互联网的普及也使网上搜索潜在客户变得十分方便，销售人员可以借助互联网的强大搜索引擎搜寻到大量的潜在客户。对于刚入行的销售人员，网络搜寻法是不错的选择。

二、中心开花法

霍某是一位经验丰富的销售人员，他总是随身带着客户的名单，这些名字都是客户的亲笔签名。每次约见客户时，他都会对客户说：“我们为我们的客户感到骄傲，你是知道的。”

他还会接着说：“您知道××大学的周院长吗？这上面就有他的签名，还有××集团的董事长徐先生的签名。”他兴致勃勃地谈论着这些名字，然后会说：“这是那些受益于我们产品的各类型的客户……”然后介绍这些名人分别购买了哪些产品。最后他说：“您知道这些人的素养和判断力，我希望能把您的名字同周院长以及徐董事长的名字列在一起。”

这个案例中，销售人员霍某运用的就是寻找潜在客户常用的方法——中心开花法。他利用有较大影响力的客户的亲笔签名，为自己吸引和争取更多的普通客户，同时也满足了客户购买时崇尚名牌名人的心理。

1. 中心开花法的定义

中心开发法又称名人介绍法、中心人物法、中心辐射法、权威介绍法，是指销售人员在某个特定的推销范围内，取得一些有影响力的中心人物的信任，然后在这些中心人物的影响和协助下，把该范围内的个人和组织发展成为准客户的方法。

中心开花法的理论依据就是社会学中的顺从理论，顺从理论认为人们对自己心目中权威性的人物是信服和顺从的，所以权威人物会对周围的人产生示范效应。

中心开花法的使用前提是核心人物愿意合作。它一般适用于比较时尚的商品，而且更多的是无形产品。

中心人物或者组织通常是消费者的领袖，如政界要人、企业界名人、文体界明星、知名学者、名牌大学、知名企业等，他们的购买与消费行为能在大众中形成较强的示范作用和先导作用，从而引发甚至是左右大众的购买和消费行为，这就是我们心理学中常说的“光晕效应”。

2. 中心开花法的优缺点

（1）优点

运用这种方法，销售人员只需要集中精力做好中心人物的推销工作，然后利用中心人物的名望和影响力，提高商品的声望和美誉度，这样就避免了销售人员重复地向潜在客户进行宣传和推销的过程，节省了大量的时间和精力。

（2）缺点

①“中心人物”难以确定，中心人物到哪里去找？谁来做我们的中心人物？

②“中心人物”的决定性作用非常大。

③风险大，由于我们过多地把希望寄托于中心人物身上，所以增加了推销工作的风险。

运用中心开花法的关键是寻找更多的中心人物，并争取中心人物的信任与合作，最终利用中心人物的影响力，争取更多的潜在客户。

三、网络营销法

1. 网络营销的定义

网络营销随着互联网在商业中的应用而产生，尤其是万维网、电子邮件以及搜索引擎等得到广泛运用之后，网络营销的价值越来越明显。

网络营销是企业整体营销战略的一个组成部分，是为了实现企业总体经营目标，以互联网为基本手段营造网上经营环境的各种活动，可以利用的手段包括电子邮件营销、微博营销、网络广告营销、视频营销、媒体营销以及竞价推广营销、SEO（搜索引擎优化）营销、大学生网络营销能力秀等。

总体来讲，凡是以互联网或移动互联为主要平台而开展的营销活动，都可以称为网络营销。网络营销法就是以互联网为主要平台，为达到一定营销目的而展开的全面营销活动。

2. 网络营销法的特点

网络营销法主要有以下两个特点：一是基于互联网，以互联网为营销介质；二是它属于营销范围，是营销的一种表现形式。

企业网络营销包含了企业的网络推广和电子商务研发要素。网络推广就是利用互联网进行的宣传推广活动。电子商务指的就是利用简单、快捷、低成本的电子通信方式，买卖双方无须谋面而进行的各种商贸活动。

3. 网络推广的主要方式

（1）搜索引擎推广（SEM）

企业可以开通搜索引擎竞价，当用户搜索相关的关键词，并点击搜索引擎上的关键词创意链接时即可进入相关的网站或者网页，从而进一步了解他所需要的信息，用户可拨打网站上留下的客服电话，与客服人员沟通，或者直接在网页上填写表单来实现自己的目的。

（2）搜索引擎优化（SEO）

在了解搜索引擎自然排名机制的基础上，企业可使用网站内及网站外的一些优化手段，使网站在搜索引擎的关键词排名提高，从而获得流量，产生直接销售或建立网络品牌。

（3）电子邮件推广

企业可以以订阅的方式将行业及产品信息通过电子邮件的方式提供给用户，以此来建立与用户之间的信任与信赖关系。

（4）即时通信推广

即时通信推广是利用互联网的即时聊天工具，如微信、QQ 等进行推广宣传的一种营销方式。

（5）病毒式营销推广

病毒式营销推广模式主要是来自网络营销，也就是利用用户口碑相传的原理，在用户之间自发进行，费用往往比较低，也是企业比较喜欢的一种营销手段。

（6）BBS（网络论坛）营销

BBS 营销就是利用论坛这种网络交流平台，通过文字、图片、视频等方式发布与企业产品和服务相关的信息，从而让目标客户更加深刻地了解企业的产品和服务，最终达到宣传企业品牌，加深市场认知度的目的。

（7）博客营销

博客营销是建立企业博客或个人博客，用于企业与用户之间的互动交流以及企业文化的体现。一般就是以行业的评论、工作感想、心情随笔和专业技术等作为企业博客的主要内容，使用户更加信赖企业，深化企业平台的影响力。

（8）微博营销

微博营销是指通过微博平台为商家或者个人创造价值而执行的一种营销方式，也是指商家或者个人通过微博平台发现并满足用户的各类需求的一种商业行为模式。

（9）微信营销

微信营销是网络经济时代企业营销模式的一种创新，也是伴随微信的火热而兴起的一种网络营销方式，微信不存在距离的限制，用户注册微信后，可以与同样有微信账号的朋友形成一种联系，用户可以订阅自己所需的信息，商家可以通过这个平台向用户提供所需要的信息，推广自己的产品，从而实现点对点的营销。

（10）视频推广

视频推广是以创意视频的方式，将产品信息移入视频短片中，从而被大众吸收，容易被用户群体接受，用户群体不会有太强烈的排斥。

（11）软文推广

软文推广是相对于硬性广告而言的，它是企业的市场策划人员或者广告公司的文案人员撰写的“文字广告”，与硬广告相比软文之所以能够叫作软文，精妙之处就是在于一个“软”字，好似绵里藏针，收而不露，特立独行。等你发现这是一篇软文的时候，已经深陷其中，追求的就是春风化雨、润物无声的传播效果。软文推广也是目前微博、微信等常用的推广手段。

（12）体验式的微营销

体验式的微营销是以用户体验为主，以移动互联网为主要的沟通平台，配合传统的网络媒体和大众媒体，通过有策略的、可管理的、持续性的 O2O（线上到线下）互动沟通，建立、转化和强化客户之间的关系，实现客户价值的过程。

体验式的微营销是在消费者的感官、情感、思考和行动以及关联这五个方面重新定义设计营销的思考方式，此种思考方式往往就是突破传统的“理性消费者”的假设，认为消费者在消费时理性与感性是同时具备的，消费者在消费前、消费时以及消费后的体验，才是研究消费者行为与企业品牌经营的一个关键。

体验式的微营销是以 SNS（社交型网络服务）、微博、微电影、微信、微视、微生活、微电子商务等为代表的一种新媒体形式，为企业或者个人形成了一种传统广告推广形式之外的低成本的传播方式。

（13）O2O 立体营销

O2O 立体营销是基于线上、线下全媒体深度整合的营销，以提升品牌的价值转化为导向，运用信息系统移动化特性，帮助品牌企业打造全方位渠道的立体营销网络，并根据市场大数据分析结果，制定出一套完善的、多维度的立体互动营销模式。从而实现大型品牌企业全面以营销成效为导向的立体营销网络格局，针对受众需求进行多层次分类，选择性地运用报纸、杂志、广播、电视、音像、电影、图书、网络在内的各类传播渠道，以文字、图片、声音、视频等作为多元化的形式进行深度的互动融合，涵盖视、听、触觉等人们所接受信息的全部感官，对受众进行全视角、立体式的营销覆盖。帮助企业打造多渠道、多层次、多元化、多维度、全方位的立体营销网络。

（14）自媒体营销

自媒体又称个人媒体，或者公民媒体。自媒体平台主要包括个人的微博、博客、微信、贴吧等。

自媒体营销能够根据企业实际情况，为企业量身定制行之有效的自媒体解决方案，从而提升企业公信力。

（15）新媒体营销

新媒体营销主要是利用新媒体平台进行营销的一种模式。在 Web3.0 年代，营销思维也发生了巨大的改变，体验性、沟通性、差异性、创造性以及关联性更强。

四、会议营销法

1. 会议营销的定义

会议营销通常也称为数据库营销或服务营销。它是指通过寻找特定的客户，利用亲情服务和产品说明会的方式来销售产品的一种销售模式。

会议营销的实质是对目标客户的锁定和开发，从而对客户全方位地输出企业的形象和产品知识，以专家顾问的身份对意向顾客进行关怀和隐藏式销售，这对商家出售商品和让消费者了解产品是有很大帮助。

2. 会议营销的分类

(1) 按会议内容划分包括以下 6 类：

①比较有影响力的行业和专业展销会；

②有社会影响力的专题研讨会；

③有社会影响力的节会；

④大型人才招聘会；

⑤单位内部的工作会议及企业的培训会；

⑥联谊会。

(2) 按会议的主体划分包括以下 3 类：

①主办的会议；

②参加的会议；

③合办、承办、赞助的会议。

3. 会议营销的目的

①集中目标客户，现身说法，制造销售热潮；

②使阶段销量最大化；

③和客户进行双向沟通，培养客户的忠诚度，建立良好的口碑；

④收集客户的档案，为数据库营销奠定基础。

4. 会议营销的步骤

(1) 收集数据

广泛收集特定消费者的数据信息，从而建立数据库。收集的消费者信息包括消费者的姓名、年龄、家庭住址、联系电话、家庭收入、健康状况等，从而建立消费者档案的数据库，并对这些数据进行分析和整理，根据消费者的需求状况对其进行分类，从而确定目标消费人群。

(2) 组织与实施

确定会议的时间、地点后，对目标消费人群发出邀请。会议营销主要是以服务为主，通过各种消费者喜闻乐见的活动来吸引目标人群的参加，或者是通过专家的推荐和消费者对产品效果的亲身测试，以及销售人员一对一的沟通，来促成销售。

(3) 跟踪服务

对已经购买产品的客户进行售后跟踪服务，指导客户使用，并对使用前后的效果进行比较，形成良好的口碑宣传。对未购买产品的客户继续进行跟踪，通过一对一的沟通消除其顾虑，从而促进销售。

5. 会议营销的评价

会议营销涉及的范围比较广，包括事件营销、活动营销、服务营销、数据库营销等诸多营销范畴，要求也相对较高，任何一个环节的操作失误都将是成功路上的绊脚石。

会议营销是众多营销的合成，它的优点是使销售环节加快，周转便利，是直接产生销售利润的最佳途径。缺点主要是多功能的销售人员素质与法规的衔接工作比较复杂，这是一项非常重要的工作，能够直接影响整个销售策略的进行。

会议营销的真正意义在于使销售与渠道、销售与市场、销售与各方利益关系的客观综合效能的最大化，是现代企业应对市场的有效途径。

任务四　客户来源分析

一、产品、服务和营销环境分析

1. 根据产品和服务的自身定位分析客户来源

准确地分析产品和服务，才能够精准地找到产品和服务所针对的客户人群，才能够找到客户在哪里。

在分析产品和服务的时候，应该按照以下步骤进行。

首先要熟悉产品和服务自身的特点和性能；其次确定产品和服务的定位；最后定位产品和服务所对应的人群，在人群中去寻找客户群。

下面，我们通过旅行中使用的睡袋的实际案例，理解以上三个步骤。

首先分析这个产品和服务自身的特点，如睡袋的舒适度，所使用的材料，形状、长度等。在了解了产品和服务的特点之后，进行产品和服务的定位。

在定位之前，要明确产品和服务本身的特色和优势，相对于其他产品和服务，最大的卖点是什么？在了解这些优势之后，分析这一产品或服务最大的需求者对应的是哪个群体，找到这个群体，就找到了客户人群，如睡袋的客户人群为资深驴友。

2. 根据所处的营销环境分析客户来源

营销环境由两部分构成：微观环境和宏观环境。

（1）微观环境涵盖了客户的上游和下游，上游主要是指供应商，下游主要是指批发商、零售商和终端，以及与企业所处的同一行业的竞争对手。在分析客户来源时，应该紧紧围绕这些环境来展开。

（2）宏观环境是指影响整个行业和市场的因素。这些因素包括人口、经济、政治法律、社会文化、自然环境以及科学技术等。人口因素如人口数量、结构、分布等，影响市场的需求和竞争格局。经济因素如经济增长、通货膨胀、消费者购买力等，直接影响消费者的购买行为和企业的营销活动。政治法律因素如政策法规、政治稳定性等，对企业的经营和营销活动产生重要影响。社会文化因素如教育水平、价值观念、消费习惯等，影响消费者的消费偏好和购买决策。自然环境因素如气候变化、资源状况等，对企业的生产和营销活动产生影响。科学技术的发展则为企业提供新的营销手段和工具，如网络营销、大数据分析等，使企业能够更有效地开展营销活动。

客户是企业利润的来源，客户管理对于企业来说是立足之本，其重要性不言而喻。不过客户管理是有窍门的，借助老客户的光环和经验来开发新客户，会取得事半功倍的效果。

开发一个新客户的成本是维护一个老客户成本的2~7倍，鼓励现有的客户去促成二次消费或多次消费，并且带来新客户。通过现有客户来寻找新的潜在客户，这是一种有效的渠道，并且为很多企业所证实，是相当富有成效的。

要对现有客户的构成情况和个人特征进行分析，比如现有客户都是来自哪些地区？是省内、省外还是市内、市外？他们的文化差异、兴趣爱好、购买能力存在哪些异同？在此基础上找出老客户中影响力比较大的，或者是具有领袖人物特质的客户，他们具有广泛的人际关系资源，把他们确定为中心客户，围绕着中心客户进行二次客户的开发和推荐，可以说是行之有效的一种方式。

二、客户渠道分析

很多刚接手客户工作的新同事，可能会有疑问，怎样才能拥有那么多的客户？要到哪里去找客户呢?

这实际上可以归结为一个问题，就是客户渠道的问题。

企业最宝贵的财富就是客户资源，很多企业，它的客户工作之所以开展得有声有色，并且客户资源源源不断，重要的就是它有广泛的客户渠道。

由此可见，客户渠道对于企业的客户开发来说非常重要。

1. 客户渠道解决方案

想象一下，在现实生活中购买水果的时候，会有哪些购买渠道?

第一种非常常见，如水果店、超市、菜市场，这种渠道称为线下渠道，也就是实体渠道。第二种也非常容易想到，如京东、淘宝等一些电商平台，这种称为网络渠道或者线上渠道。也就是说，在进行客户开发的时候，有两大渠道：线上和线下。

2. 客户渠道开发方法

把握好客户渠道开发，就是同时要做好线上和线下两个方面的工作。

(1) 线下渠道

如购买水果的时候，通常会到实体店，这些实体店都有可能成为线下渠道。怎样使产品进入线下渠道呢? 针对比较大的渠道，像沃尔玛、永辉等大型超市，会通过加盟商去对接相关的客户进行采购。

(2) 线上渠道

在当今这个移动互联网时代，线上渠道占据主流，要想在市场占有一席之地，必须重视线上渠道，做好线上渠道的维护。

线上渠道包括两大类。

①最近几年兴起的自媒体渠道。如微信公众号、朋友圈，微博、抖音这些免费的渠道。如何开发这种类型的渠道呢? 开发这种类型的渠道时，要把握住一个核心就是经营好粉丝，粉丝就是客户，当粉丝变成忠诚的粉丝，自然而然就可以发展成产品的购买客户。

②典型的第三方平台，如淘宝、京东等。有句话叫“巧妇难为无米之炊”，对于客户渠道开发来说，什么是米? 什么是炊? 米就是客户资源，必须把客户源源不断地通过客户渠道引进来，才能开展后续工作。对于线上渠道而言，还有一点非常重要，就是客户的数据资源。

客户的后台，像淘宝、京东这些大型平台有很多大数据，通过对大数据资源的分析，可以清楚地知道哪些是我们的客户，哪些是比较有效的客户。

因此，在当今线上渠道非常流行的情况下，要做好线上渠道的开发，除了维护好自媒体平台、第三方平台，还要特别重视大数据的分析。做好这些，才有助于线上线下同时结合起来进行客户渠道的开发。

三、竞争者分析

1. 竞争者分析的重要性

在竞争情况下，市场上的客户资源是一定的，此时同行业之间的竞争往往非常关键，尤其是对优质客户的竞争，只有知己知彼才能百战不殆。

知彼就是要知道我们竞争对手采用了什么策略。在某种程度上，客户资源的开发不仅取决于自身因素，更取决于竞争者采纳何种策略。

2. 如何进行竞争者分析

在做竞争者分析时，主要就是分析竞争者采用了什么策略，分析竞争者采用的方向以及渠道，应该非常准确地分析对手。

下面来看一个案例。

提到中国的快递行业，就一定绕不开“四通一达”，这几家公司是我国快递行业的龙头企业，已成为快递的代名词。

20世纪初，随着互联网技术的发展，快递行业开始兴起，“四通一达”在这个时间段成立，并迅速占据了快递市场。而与“四通一达”同年创立的顺丰快递，在创立初期就制订了一条不同的战略路线，顺丰是第一家采用航运快递的企业，2003年“非典”疫情蔓延，社会上物资流通出现了问题，顺丰租下扬子江快运的5架737型全货机，拿下了国内首家航运民营速递企业的名号。而且“货到付款”也是顺丰快递首创的，这一项举措很好地解决了商家与客户之间的信任危机，一举获得了巨大的客流量。

顺丰与中通，一个以质称雄，一个以量领先。在电商行业的不断发展下，中通开始谋划搭建新网，在原有网络的基础上，再搭建两张网。

第一张网是传统模式的网络，其链路是揽件站点—始发地中转中心—目的地中转中心—收件站点。新网络尽可能地去除中间环节。第二张网，中通快递勾勒的模型是始发站点—目的地中转中心—收件站点，或者是始发站点至始发地中转中心—收件站点；而第三张网则更进一步，始发站点直接到收件站点。新网络构建的意义明显，那就是降低成本。事实上，中通快递弯道超车并持续保持份额领先的一个重要原因，就在于其成本优势。第二张网和第三张网的构建，也将助力其进一步巩固成本优势。

因为中间环节更少，装卸分拨等作业也将随之减少，这也有助于降低快件的破损率。此外，车辆直发也可以进一步提升时效，服务质量还可以进一步提升。最终实现市场份额、盈利能力和服务质量稳固提升与平衡的目标。

顺丰虽然也在谋划另起新网，但与中通快递搭建新网的思路不同，顺丰采取的思路是四网融通。

在顺丰看来，其自身业务板块多元多样，快件类型、覆盖公斤段越来越宽，服务时效和标准各不相同。按以往各自建网运营的做法会存在不合理之处，因此从集团层面提出四网融通，重新审视网络资源如何能够更好地建设和分配。

而四网融通的整体思路是两端分、中间合。客户接触端按两种方式区分，一种是服务性质和标准，另一种是直营或加盟。中间场地融通建设，旗下大网、丰网、快运、仓网的场地尽可能物理上同园区，三、四线城市货量少的地区，各产品线可以统一到一个场地，集散点共建。但小件、大件将分区操作，改变大小混合的状况，提高小件中转处理效率。线路上支线、干线端融合，合并发车，能够拉直线路、使晚班车提前，做到线路车辆装载率和时效的提升。与此同时，借助频次的提升，加固快运服务时效，而丰网不覆盖的区域，通过大网兜底，实现效益最优。

此外，客户对一体化解决方案的需求也推动着顺丰的调整，“全渠道的时代需要什么样的供应链服务，不是单一的快递、单一的云仓和单一的快运，而是打包服务”，从同行竞争的角度，顺丰也有必要做此谋划，各大物流企业都在做一体化的服务，如果顺丰不进行谋划调整，很容易丢掉供应链服务的大客户。未来顺丰要结合不同的标杆产业打造样板，拉开跟同行之间的差异。

案例分析

案例一：两个业务员

两家鞋业制造企业分别派出了一名业务员去开拓市场，一位叫杰克逊，一位叫板井。在同一天，他们两个人来到了南太平洋上的一个岛国，到达当日，他们就发现当地人全都赤足，不穿鞋。从国王到贫民、从僧侣到贵妇，竟然无人穿鞋子。

当晚，杰克逊向总部老板发了一封电报：“上帝呀，这里的人从不穿鞋子，有谁还会买鞋子？我明天就回去。”

板井也向公司总部发了一封电报：“太好了！这里的人都不穿鞋。我决定把家搬来，在此长期驻扎下去！”两年后，这里的人都穿上了鞋子……

启示：许多人常常抱怨难以开拓新市场，事实是新市场就在你的面前，只不过是你没有发现这个市场而已。

案例二：聪明的报童

某一地区，有两个报童在卖同一份报纸，两个人是竞争对手。

第一个报童很勤奋，每天沿街叫卖，嗓子也很响亮，可每天卖出的报纸并不多，而且还有减少的趋势。

第二个报童肯用脑子，除了沿街叫卖，他还每天坚持去一些固定场合，去了以后就给大家分发报纸，过一会儿再来收钱。地方越跑越熟，报纸卖出去的也就越来越多，当然也有些损耗。

第一个报童能卖出去的报纸越来越少，不得不另谋生路了。

启示：第二个报童的做法中大有深意。

第一，在一个固定的地区，对同一份报纸，读者客户是有限的。买了我的，就不会买他的，我先将报纸发出去，这个拿到报纸的人，肯定不会再买别人的报纸。等于我先占领了市场，我发的报纸越多，他的市场就越小。这对竞争对手的利润和信心都构成了打击。

第二，报纸这个东西不像别的消费品有复杂的决策过程，随机性购买多，一般不会因质量问题而退货。而且钱数不多，大家也不会不给钱，今天没有零钱，明天也会给。文化人大多不会为难小孩子。

第三，即使有人看了报，退报不给钱，也没有什么关系，一则总会有积压的报纸，二则他已经看过了报纸，肯定不会再买同一份了，还是自己的潜在客户。

任务	案例启示		
分析案例一			
分析案例二			
学生姓名		指导教师	

活页笔记

1. 潜在客户转化为现实客户需要企业怎么做？

2. 潜在客户的寻找路径与寻找方法都有哪些？请分别阐述。

3. 客户来源分析的主要思路是什么？

4. 假设你是一家物流公司的市场营销人员，你将如何制订一份针对特定行业或地区的物流营销计划？请详细描述你的策略和实施步骤。（注意：物流企业在寻找客户时应遵循公平竞争原则，不得采取不正当手段；同时，也要保护客户隐私，不泄露客户信息。）

问题	解答		
1			
2			
3			
4			
本项目的收获体会与建议			
学生姓名		指导教师	

项目四　完善客户档案

认知目标

➢ 认识到客户档案在客户关系管理中的重要性。

➢ 了解客户信息档案建立的方法和步骤，理解客户信息收集的必要性和合规性。

能力目标

➢ 掌握建立和维护客户档案的基本技能，能够在实际工作中有效运用。

➢ 学会利用客户档案数据进行分析，为营销策略的制定和优化提供数据支持。

➢ 培养数据驱动的营销思维，能够根据数据分析结果调整营销策略，提高营销效果。

思政目标

➢ 强化对客户信息保护的意识，遵守法律法规和伦理规范，确保客户信息安全。

➢ 培养对数据和隐私的尊重态度，在利用客户档案数据进行营销时，注重保护客户隐私和权益。

➢ 树立以客户为中心的服务理念，将客户档案作为提升客户满意度和忠诚度的重要工具。

任务一　客户档案概述

很多人认为建立客户档案是一件很普通的事，就是记录一下客户的联系方式、联系人、联系地址。其实不是这样的，客户档案管理也需要数据化、精细化、系统化。这样的档案才对营销管理工作有指导性。

一、客户档案的含义

客户档案是企业在与客户交往过程中所形成的，较为全面的客户信息资料，是全面反映客户的基本情况、企业经营情况、财务情况、资信情况、合作级别、账款回收情况等的综合性档案资料。

二、客户档案的重要性

1. 个性化服务

客户档案包含了客户的个人信息、购买历史、喜好和需求等关键信息。通过分析这些信息，企业可以定制个性化的产品、服务和营销策略，从而提高客户满意度。

2. 客户忠诚度

客户档案有助于建立牢固的客户关系，提高客户忠诚度。企业可以通过了解客户的需求并提供相关的支持和奖励来保持客户的长期忠诚。

3. 客户支持

客户档案中包含了客户的联系信息，这使企业能够迅速响应客户的问题和需求。快速响应有助于解决问题，提高客户满意度，并防止客户流失。

4. 市场分析

客户档案还可以用于市场分析，帮助企业了解客户细分、趋势和市场需求。这有助于实行更有效的市场营销战略和产品开发计划。

任务二　客户档案的建立

客户是一个企业得以发展和延伸的主体，是企业开拓市场的主要途径。可是随着企业的规模越来越大，客户资源越来越多，发现纸质客户档案存在诸多弊端，既耗费大量的时间和精力，又占用大量的办公空间，查找起来还非常不便。熟练地掌握客户档案建立的方法，可以更轻松地建立客户信息档案。

一、传统方法

1. 收集客户的基本信息

客户的基本信息包括客户的名称、地址、电话及他们的个人性格、兴趣、爱好、家庭情况、学历、年龄、能力、经历、背景等，这是建立合格的客户档案的起点。获得客户信息的方法包括以下几种。

查询企业的网站、新闻报道、行业评论等；通过权威的数据库、专业网站、参加展会、客户口碑营销、市场考察、会议与论坛、专业机构等获得客户信息。

无论采用哪种方法，获取客户资料时都需要注意以下几点。

①合法合规：获取客户资料时需要遵守相关法律法规，不得侵犯客户隐私。

②精准定位：获取客户资料时需要明确目标客户群体，避免浪费资源。

③保护客户信息：获取客户资料后，需要妥善保管客户信息，避免泄露。

④及时跟进：获取客户资料后，需要及时跟进客户需求，提供优质的产品和服务。

2. 客户信息整合

整合不同渠道和来源的客户数据，以创建全面的客户档案，确保不同部门之间的数据共享。

3. 客户档案的分类整理、更新

客户信息是不断变化的，客户档案资料则会不断地补充、增加，所以客户档案的整理必须具有管理的动态性。

4. 档案内容必须真实

业务人员的调查工作必须深入实际，业务人员不要为了完成工作而闭门造车，编造客户的档案。

5. 专人负责

客户档案至关重要，客户是企业的命脉，若客户档案流失，势必影响企业的发展。因此，客户档案的建立需要谨慎，最好由专人负责，以防工作发生推诿、推卸责任等情况。

6. 培训和教育

培训员工是为了确保他们了解如何正确地收集、存储和维护客户档案，培训应重点强调数据隐私和合规性，以防止数据泄露和违规行为的发生。

综上所述，已建立好的客户档案，不能束之高阁，而是要经常翻阅、查看，随时随地了解客户需求，才能够减少开展工作的盲目性，有效地了解客户需求动态，提高办事效率，增强企业的竞争力。

二、利用 CRM 系统

CRM 系统是客户关系系统，它能够全面了解并记录客户或合作伙伴的相关资料，跟踪分析客户信息，使企业以更快捷与周到的服务增加客户的满意度，吸引更多的客户，保留原有客户，提高企业的整体收益。

1. 建立移动式客户档案

客户来源于五湖四海，只有利用CRM系统建立移动式客户档案，才能确保客户档案及时更新，便于领导层做出正确的决策。

2. 客户的转接有序

虽然每个客户都有专人负责，但是中途业务员发生更换也是不可避免的事情。所以，利用CRM系统建立客户档案，便于每个业务员了解客户相关信息，不会导致客户信息跟进的中断，甚至客户流失。

3. 数据的安全

企业应遵守数据隐私法规，确保客户数据信息的安全性和保密性，实施数据备份和恢复策略，以应对数据丢失或损坏的情况。

总之，建立客户档案的最终目的是缩短销售周期，降低销售成本，有效规避市场风险，寻求扩展业务所需的新市场和新渠道，不断地提高客户价值、客户满意度、企业赢利能力以及客户的忠诚度，改善企业的经营有效性。

任务三　客户档案的管理原则

在实践中，建立企业客户档案应遵循集中、动态和分类的管理原则。长期以来，客户档案在我国企业管理实践中没有得到应有的重视，客户资料分散，数据信息更新缓慢、滞后，缺乏恰当的客户分类等问题十分突出。这些问题限制了客户档案在企业应收账款管理和坏账风险控制方面发挥应有的作用，使企业大量本可避免的坏账损失成为事实。

一、集中管理

企业客户资料分散通常有两种情况，一是分散在业务人员手中，二是分散在企业各个部门。如果是第一种情况，就可能导致客户是业务人员的客户而不是企业的客户，因为企业的管理层并不熟悉每位客户，所以当业务人员离开企业后，客户及业务也随之离去，会给公司造成重大的经济损失。

现实生活中这种案例屡见不鲜，比如某个公司的销售人员因为某种原因离职或者集体离职，同时将掌握的客户资料和关系带到新公司，这将造成原公司销售额在短时间内巨幅下滑。更严重的是如果业务人员带走了销售合同和发货单据，就会使某些客户拖欠的账款变成坏账，无法追回。再加上企业长期支付给业务人员的工资和维护客户的费用，损失不可低估。

如果是客户资料分散在各个部门，虽然可以杜绝个人掌握企业客户资源的问题，但也会引发部门与部门之间、部门与整个企业之间利益关系平衡的问题。

因此针对客户资料分散的问题，唯一的解决办法就是对客户档案进行集中管理。

二、动态管理

动态管理是指对于客户档案信息要不断进行更新。这是因为客户的情况是在不断变化的。就客户的资信报告来讲，它是一份即期的客户档案，有效期一般在三个月到一年。超出这个时间，就要对客户进行新的调查。

对客户档案实施动态管理的另一个目的是随着客户的财务、经营、人事变动情况，定期调整对客户的授信额度。信用管理部门的授信应该按客户协议进行，一般以年为单位确定本期授信的有效期。当客户的基本情况发生变化时，授信额度也要随之进行调整。

三、分类管理

企业建立健全的客户信息档案库时，要按照一定的标准和原则对客户进行分类，在分类原则的基础上，区分客户合作意愿的强弱、财务能力的高低等关键信息，为下一步优选客户提供参考。

首先，客户分类要从整理客户资料开始，企业业务人员从海量的客户档案中科学设置关键字段，将相近的客户归类整理。

其次，要划分客户等级，企业根据经营侧重点，将客户划分为不同的等级，优先服务等级较高的客户。在实际的经营过程中，企业约有80%的营业额来自20%的重要客户，将客户等级化有助于企业巩固重要客户的合作关系，避免不必要的损失。

最后，制作客户等级名册，企业将客户划分等级之后，为了便于管理，通常需要制作客户等级名册，以方便业务人员确定服务的优先次序。

案例分析

案例一：某电商巨头通过完善客户数据库实现个性化服务与业务增长

1. 背景介绍

近年来，随着大数据和人工智能技术的飞速发展，电商行业迎来了个性化服务的新时代。某电商巨头（以下简称“A 公司”）通过积极完善客户数据库，不仅实现了个性化服务的飞跃，还带动了业务的持续增长。

2. 实施步骤与策略

客户数据整合：A 公司首先整合了多渠道的客户数据，包括购买记录、浏览记录、搜索关键词、社交媒体互动等，形成了全面而丰富的客户画像。

智能推荐系统：利用先进的机器学习算法，A 公司开发了一套智能推荐系统。这套系统能够根据客户的购买记录和浏览偏好，实时推荐个性化的产品和服务。

客户细分与定制化策略：通过对客户数据的分析，A 公司将客户细分为不同的群体，并针对不同群体制定了差异化的营销策略和定制化服务。例如，针对高价值客户，A 公司提供专属客服、优先配送等增值服务。

动态客户追踪与反馈机制：A 公司建立了动态客户追踪机制，通过邮件、短信、App 推送等方式，及时收集客户反馈，并根据反馈调整推荐策略和服务内容。同时，A 公司还通过社交媒体和在线调查等方式，积极收集客户意见和建议，以不断优化客户体验。

3. 当前企业发展现状

通过完善客户数据库和实施个性化服务策略，A 公司取得了显著的成效。其业务规模不断扩大，客户满意度持续提高，用户活跃度和忠诚度也得到了显著提升。在激烈的市场竞争中，A 公司凭借个性化的服务优势和强大的客户数据库，保持了领先的市场地位。

启发与思考：

A 公司通过完善客户数据库实现个性化服务与业务增长的案例，为我们提供了宝贵的启示。在当前电商行业竞争日益激烈的环境下，企业应注重客户数据的整合与分析，利用大数据和人工智能技术为客户提供更加个性化的服务。同时，企业还应关注客户反馈和需求变化，不断优化服务内容和客户体验，只有这样，才能在市场中脱颖而出，实现可持续发展。

案例二：海尔集团客户关系管理之道

海尔集团副总裁周总每天上班的第一件事是登录海尔的CRM系统，按地域和产品查看销售信息。作为海尔集团商流本部的负责人，他会敏感地发现任何异常情况。事实上，此类信息在14年前也有，那时周总刚刚分配到海尔一年。“那时是铁制的档案盒，里面有海尔销售人员手写的每家商场的销售档案。”

如今，海尔的客户档案盒已经被CRM系统取代，但是周总强调，CRM不仅是一个技术手段，更是企业对待客户的态度，即使没有这些软件系统，海尔仍然会非常重视与客户的关系。

就像客户关系管理的硬件系统在升级换代一样，海尔客户关系管理的理念也在不断创新。现在，海尔对销售人员的考核不再以销售量为依据，而是围绕“让客户赚钱”的核心思想，确定在四个指标上：客户库存的周转天数、客户利润率、客户问题的解决程度和海尔产品在客户销售额中的份额。也就是说，考核的指标不是你有没有帮助海尔赚钱，而是你有没有帮助客户赚钱。

C——客户

海尔的客户主要包括以下5类：跨国连锁公司、本土连锁公司、大型商场、加盟专卖店、专营店。其中，销售额较大的为加盟专卖店和大型商场，其销售额占海尔总销售额的1/3左右，但本土连锁公司的增长幅度飞速提高。尽管周总说海尔对每位客户都一视同仁，但仍然需要将有限的资源向重点客户倾斜，为此他们在海尔总部设立了大客户部，同时在全国42个工贸公司中设有专人为大客户服务。

海尔目前在全国有客户经理600多名，平均1个人负责10个客户，而海尔在全国的销售网点为6000~7000个。从2000年开始，海尔将以往以产品线为单元的客户管理整合为按区域划分的客户管理。此后海尔的三类经理各司其职：产品经理负责了解产品知识并实施营销策略；客户经理发现客户需求并满足客户需求；型号经理寻找市场机会、开发新产品。

“表面上的需求只要用心都可以看到。但是要做到倾听消费者的声音，那就需要全身心投入了。”周总说，对海尔目前1.6万人的营销队伍来说，观念的彻底改变仍待加强。

如果观念改变了，和客户的关系就能改变，海尔和国美电器的合作就是一个例子。

R——关系

国美与海尔的关系曾经不尽如人意。双方在经营的理念上存在差异：国美坚持提供价格最低廉的产品，而降价却是海尔最不愿意做的事情。然而，2003 年 1—4 月，海尔与国美在北京市场上的关系发生了大转折。销售额比 2002 年同时期增加了 4 倍以上，国美成了海尔在北京市场销售额最大也是最重要的客户之一。不仅如此，国美与海尔还达成了战略伙伴关系，在北京市场上共同展开营销活动，进行强势联合。

负责海尔在北京地区销售的北京海尔工贸有限公司总经理张总对此变化的解释只有一个："海尔对客户，尤其是像国美这样的大客户的营销态度发生了转变。说实话，对集团总部提出的让客户赚钱、用户满意、员工增值的说法，早先我们并没有悟透。而在天才企业家、管理思想家、海尔创始人张瑞敏的领导下，新的客户关系管理思想在员工的头脑中慢慢地渗透。"

同时，CRM 系统为差异化营销提供了支持。具体说来，周总每天登录的海尔 CRM 系统为销售人员掌握整体销售情况提供了大量帮助，总部的商流本部为各地销售人员搭建的整体营销舞台又使各地区获得极大支持。而且，国美总部的负责人通过这个网络，可以同时从海尔在全国各地的负责人那里获得快速反馈。

最终发现，海尔和国美市场的定位冲突是可以解决的，以往海尔的销售人员并未仔细研究国美的需求。一个销售代表被专门派往国美，了解对方的需求。例如，尽管同为低价电器销售连锁店，国美和大中对海尔的需求有很大的不同。以冰箱为例，国美需要 180~220 升、价格在 2000 元左右的产品，功能上需要耗电少。而大中则需要品种更为齐全的产品，不像国美只需要高端精品和低价产品两个极端。从 2002 年开始，海尔在北京的销售人员行动了起来，主动上门确定客户的市场优势和所需产品，帮助客户完成差异化订单。

国美电器总公司采购中心总经理对海尔的服务很满意："以往我们与海尔之间的冲突主要是价格冲突。随着海尔提供的定制产品策略推出，以往包销买断的矛盾就可以规避了。2002 年在北京市场上我们进行了大的整合，在此之前我们之间的交易量很少，合作也不像现在这么顺畅。"他强调国美目前在全国范围内都实行了新的采购方式，即定制的方式。以国美销售的海尔产品为例，其中 70%~80%是应消费者需求而定制的。

海尔创始人张瑞敏强调的速度也是和国美合作的一个法宝。"按客户需求定制产品的采购方式，我们与其他企业之间也采用。但是海尔的反应速度比较快，对我们需求的跟进速度也快。"国美电器总公司采购中心总经理说，"这种反应速度体现出海尔对客户需求的把握度，说明海尔略高一筹。”

M——管理

周总按照三个阶段来划分海尔的客户关系管理：1984—1991 年的名牌战略阶段；1991—1998 年的多元化阶段；1998 年至今的国际化阶段。

在名牌战略阶段，海尔除“抓质量、抓服务”外，对国内的客户实行了严格挑选，主要目标是国内声誉较佳、规模较大的商场。1984 年，在国内冰箱还处于买方市场时，海尔在国内挑选了 10 家大型商场作为专门销售点。此后合作商场的数量不断扩大，海尔在每个商场专门派一名员工回访客户，了解销售动态、客户反应等信息，并将客户资料放在铁制档案盒里。

在多元化阶段，为了将海尔的不同产品集中展示给客户，海尔推行在大型商场建立专营店的销售方式。海尔曾在半年时间内一举与大型商场共同建立了 600 多个此种店中店。为了获得商场的支持，海尔向商场承诺专营店的单位面积销售额会高于商场平均水平的 1.2 倍。

周总说，事后证明海尔的店中店单位面积销售额已经达到了商场平均水平的 1.5 倍。这让海尔有机会把不同产品的客户关系管理统一起来，而通过海尔当时执行的“日清日毕、日清日高”的制度，海尔的销售人员能够迅速地把客户每天的反应反馈至总部。

周总说，海尔此时的客户关系管理处于“人盯人”战术阶段，销售人员要把各商场的情况迅速反馈给总部。而海尔的 Call Center（电话服务中心）体系也开始在全国建立起来。1997 年，海尔第一个电话中心在青岛建立。此后的一年时间里，海尔在全国 29 个省市纷纷成立了电话服务中心，2000 年，省市范围扩大到了 34 个。

在国际化阶段，海尔开始整合内部资源，开放网络平台，为客户创造新的价值。2000 年春节后，海尔上线了由 IBM 和吉林大学合作研发的 CRM 系统。事实上，在此之前海尔就采用了 SAP（思爱普）的 ERP（企业资源计划）系统整合物流等内部流程。周总说，海尔对 CRM 系统的态度是实用就好，海尔希望用最少的投入取得最好的效果，从而为海尔整个销售系统提供有力的支持。

目前，海尔通过 CRM 技术实现了与客户的“零距离接触”。海尔产品每日在各个销售点的销售情况很快就能从系统中查询出来。具体说来，客户可以通过海尔的 CRM 系统获得三种服务：网上财务对账、费用查询等在线账务服务，管理咨询、客户投诉服务，以及企业文化、产品推介、促销活动等网上信息服务。对海尔内部的员工来说，他们作为内部客户可以享受到库存查询、日期查询、客户进销存查询、商业智能分析等在线系统服务。

周总说，CRM 系统拆除了企业与客户之间的“墙”，从而达到快速获取客户订单，快速满足用户需求，缩短销售周期，降低销售成本的目的。CRM 系统使企业在最短的时间内了解并解决客户在营销和使用产品过程中遇到的问题，从而大幅提高销售业绩与客户满意度。

最后，肩负海尔营销重任的周总概括说，就客户关系管理而言：“客户关系是树根，信息技术是树干，销售结果是树叶。”

<table>
<tr><th>任务</th><th colspan="3">案例启示</th></tr>
<tr><td>分析案例一</td><td colspan="3"></td></tr>
<tr><td>分析案例二</td><td colspan="3"></td></tr>
<tr><td>学生姓名</td><td></td><td>指导教师</td><td></td></tr>
</table>

活页笔记

1. 请从你所知道的物流企业或相关企业中，选择一家公司，分析其是如何建立客户档案的。

2. 在建立客户档案时，为什么我们需要遵循特定的档案管理原则？

3. 客户档案的管理原则有哪些？

<table>
<tr><td>问题</td><td colspan="3">解答</td></tr>
<tr><td>1</td><td colspan="3"></td></tr>
<tr><td>2</td><td colspan="3"></td></tr>
<tr><td>3</td><td colspan="3"></td></tr>
<tr><td>本项目的收获
体会与建议</td><td colspan="3"></td></tr>
<tr><td>学生姓名</td><td></td><td>指导教师</td><td></td></tr>
</table>

项目五 物流客户关系维护

项目要求

认知目标

➢ 理解物流客户追踪的含义，认识到其对客户关系维护的重要性，了解其在物流过程中的作用。

➢ 理解物流客户满意度的核心概念，包括其定义、衡量标准以及对企业长期发展的影响。

➢ 掌握物流客户忠诚度的概念，明确其对企业稳定客户群体、提高市场竞争力的重要意义。

➢ 理解物流客户满意度和忠诚度之间的关系，认识到提升客户满意度是建立客户忠诚度的基础。

➢ 了解国家宏观政策对物流行业的影响，理解政策对物流企业客户关系管理策略的导向作用。

能力目标

➢ 掌握提升物流客户满意度的策略，能够结合实际情况制定并实施有效的服务改进方案。

➢ 掌握提升物流客户忠诚度的策略，能够设计并实施客户关系维护计划，以增强客户黏性。

➢ 掌握处理客户投诉的有效技巧和策略，能够在遇到客户投诉时迅速反应，妥善处理，有效预防。

➢ 能够综合运用所学知识，为物流企业在客户关系维护方面提供有效的策略和建议。

思政目标

➢ 培养对国家政策和法律法规的尊重与遵守意识，确保在客户关系管理过程中遵守相关法律法规。

➢ 增强全局观念和国家意识，将个人职业发展与企业发展、行业发展乃至国家发展紧密结合。

➢ 树立以客户为中心的服务理念，始终将客户需求和满意度放在首位，不断提升客户服务质量。

任务一　物流客户追踪

在当今的商业环境中，客户的重要性不言而喻。客户追踪作为一种精细化的客户管理手段，旨在全面了解客户需求，提高客户满意度和忠诚度，优化营销策略，提升品牌形象，预测市场趋势以及发掘潜在客户。

一、物流客户追踪概述

客户追踪是指企业通过各种方式，在销售或服务完成后，继续关注客户需求、行为和反馈，以提供更好的产品或服务，增强客户满意度和忠诚度，从而实现销售目标的行为过程。客户追踪的意义包括以下 7 点。

1. 了解客户需求

了解客户需求是客户追踪的首要任务，可以通过调查问卷、在线调查、数据分析以及个性化推荐等方式来实现。了解客户需求有助于企业提供更符合客户期望的产品或服务，从而提升客户满意度和忠诚度。

2. 提高客户满意度

提高客户满意度是客户追踪的重要目标之一。通过关注客户需求和期望，企业可以提供优质的产品或服务，解决客户问题，并为客户提供惊喜来提高客户满意度。客户满意度的提高有助于保留现有客户，同时吸引新的潜在客户。

3. 增加客户忠诚度

客户忠诚度是指客户对特定品牌或企业的偏好和依赖程度。通过建立情感联系、提供会员优惠和互动营销等方式，企业可以增加客户忠诚度。忠诚客户不仅更可能成为重复购买者，还可能为企业带来口碑传播和推荐，从而带来更多的新客户。

4. 优化营销策略

客户追踪产生的数据可以帮助企业优化营销策略。通过分析目标客户的特征和购买行为，企业可以制定更精准的营销策略，包括个性化推广、促销活动和定向营销等。这不仅能提升营销效果，还可以降低营销成本，进一步提高客户满意度和忠诚度。

5. 提升品牌形象

品牌形象是企业在市场中的知名度和声誉，对于吸引新客户和保持现有客户至关重要。通过有效的客户追踪，企业可以了解客户对品牌的感受，并据此改进产品、服务和营销策略，从而提升品牌形象。此外，良好的品牌形象还可以提高客户对品牌的信任和认可度，进而增加购买意愿和忠诚度。

6. 预测市场趋势

通过客户追踪，企业可以收集大量的市场数据，这些数据可以帮助企业预测市场趋势。例如，通过分析客户的购买行为和需求变化，可以预测未来的产品需求和流行趋势。这些预测不仅能帮助企业在竞争中保持领先地位，还可以为企业提供新的商机和发展方向。

7. 发掘潜在客户

发掘潜在客户是客户追踪的另一个重要目标。通过分析现有客户的特征和行为，企业可以识别潜在客户的群体特征，然后制定相应的营销策略来吸引这些潜在客户。此外，对潜在客户的需求进行精准定位，可以帮助企业拓展市场份额，提高品牌影响力。

二、物流客户追踪的方法

1. 电话追踪

电话追踪是指企业通过语音电话的方式与客户进行沟通。电话追踪是企业最常用的一种方法，具有很强的及时性和交互性，成本比较低，应用范围又比较广泛，但是对于企业客户服务人员的素质能力与技巧有着较高的要求。

电话追踪的使用频率同企业客户规模和产品复杂程度密切相关。一般而言，企业客户规模越大，电话追踪使用的频率也就越小，因为追踪相当数量的客户就需要企业专门安排相当数量的专职客户服务人员，对于企业来说不堪重负，反之亦然。

同时企业提供产品和服务的复杂程度，也决定着电话追踪的频率，产品和服务越简单，企业与客户之间的认知偏差就越小，电话追踪工作也就越简单。

2. 邮件追踪

邮件追踪是指企业通过信件或电子邮件的方式与客户沟通。企业根据具体情况向客户传送邮件，适时地向客户展示产品和服务、汇报项目进展情况等，以增进双方了解。

邮件追踪与电话追踪相比有着独特的优点：邮件追踪需要的客户服务人员较少，但素质要求很高，因为邮件能展示的信息灵活且丰富多彩，更便于客户理解。对客户服务人员有较高的制作要求，同时邮件又不容易复制。

邮件追踪不容易打扰客户作息，客户有很大的自主空间。尤其是与那些个性较强、不愿意被打扰的客户沟通时，邮件追踪特别适用。

3. 个性化关怀追踪

个性化关怀追踪是指企业与客户建立买卖关系之外的特殊情感追踪。利用这种情感维系合作关系。个性化关怀追踪是近年来新兴的一种客户追踪方式，现代社会生活节奏加快，人与人之间的情感淡薄，客户对受人关心、被人在意有着迫切的需求。并且业界内达成了一种共识：单纯的买卖并不足以稳定双方的合作关系，不引入情感极易流失客户。

实施个性化关怀追踪对客服人员的素质有着极高的要求，客服人员必须对客户的情况做深入的了解，适时地对客户进行慰问沟通，使客户产生一种被尊重、被重视的情感。

4. 现场追踪

现场追踪是在不影响客户工作生活的场所或客户指定的场所进行现场沟通的方式。客服人员与客户面对面交流，可以及时互通信息，交互性强，容易取得客户信任，并且现场追踪可以直观地为客户展示公司产品和服务，方便客户理解。

总之，客户追踪需要建立完善的客户信息数据库、采用多种方式与客户保持联系，并不断改进和优化客户追踪的方法，以提高客户满意度和忠诚度。

三、物流客户追踪的流程

1. 选择客户

选择客户是指企业客服人员选定需要追踪的对象。企业因为自身人力、物力、财力以及经营目标的约束，往往不能为所有的客户提供全方位服务。因此，对于服务的对象、内容、方式等必须做出一定的取舍。

2. 选择追踪方法

企业应该综合考虑客户的不同特点和产品或服务的属性，选择合适的追踪方法。常用的追踪方法有：电话追踪、邮件追踪、个性化关怀追踪和现场追踪，这些追踪方法都有各自适用的客户。

（1）就客户而言

电话追踪：适用于那些比较开明且需求急迫的客户群。

邮件追踪：适用于有较强主见，不喜欢被打扰的客户群。

个性化关怀追踪：适用于情感较为丰富，喜欢被重视的客户群。

现场追踪：适用于自主意识很强，比较自我的客户群。

（2）就产品或服务属性而言

电话追踪：适用于产品或服务不复杂、客户较分散、市场竞争较激烈的情景。

邮件追踪：适用于市场需求量较大、市场竞争适中的情景。

个性化关怀追踪：适用于市场需求量大、客户集中度高的情景。

现场追踪：适用于产品复杂、客户集中度高的情景。

不论企业选择哪种追踪方法，都需要综合考虑多种因素，灵活地去选取。

3. 反馈修正

反馈修正是指客服人员在追踪过程中以及结束时都需要及时向企业反馈信息，为企业调整产品或服务提供决策依据。反馈修正要遵循及时性、完整性、准确性原则。

及时性：客服人员要尽可能第一时间向企业反馈信息，避免迟滞，这样才能使企业及时调整产品和服务策略，更好地满足客户需求。

完整性：客服人员向企业反馈客户信息时要尽可能全面不缺失。信息在获取和解析的过程中缺失现象很普遍，一般而言，客服人员和管理人员素质越高，信息获取和解析环节越不容出错。因此，企业要定期培训员工，提升员工素质。

准确性：信息在传递过程中，随着中间环节的增多，信息准确性逐步下降。因此，企业在构建与客户的反馈渠道时，应尽可能减少中间环节，高效准确地传递信息。

任务二　物流客户满意度

一、物流客户满意度概述

客户满意就是指客户对所购买的产品或服务可感知的实际感受与他们对产品或服

务的期望值之间的比较。客户满意度就是客户满意的度量。客户的满意度是由客户对产品或服务的期望值，与客户所购买的产品或服务所感知的实际感受这两个因素来决定的。

什么是物流客户满意度？就是客户对所购买的物流产品或服务的满意程度，以及能够期待他们未来继续购买的可能性，它是物流客户满意程度的感知性评价指标，是客户的一种心理反应。

目前客户满意度分为不满意、满意和非常满意三种。

①如果实际感受低于期望值，客户就会不满意；

②如果实际感受与期望值相等，客户就会感到满意；

③如果实际感受远远大于期望值，客户就会非常满意。

对于企业而言，不满意的客户下次就不会再购买企业的产品或服务。满意的客户一旦发现有更好、更便宜的产品或服务后，也会很快更换企业。只有非常满意的客户才能成为企业的忠诚客户。

因此，现代物流企业把追求客户的满意度作为自己的经营目标。那么满意的客户到底能给企业带来哪些实质性的变化？

下面我们来看这个案例：联邦快递的客户服务。

1973 年 4 月 17 日，联邦快递首次开门营业，发运了 8 个包裹，7 个是工作人员的试运件。没有想到的是，这成为一个行业诞生的标志：隔夜速递。尤其令人感到兴奋的是，联邦快递的首席执行官是在其论文中勾勒出运营的早期设想的。

1990 年，该公司收入达 70 亿美元，控制了 43%的航空快递市场。联邦快递有两个宏伟目标，一是每一次交流和交易都要达到 100%的客户满意，二是处理每一个包裹都要 100%达到要求。早期，联邦快递将客户满意度和服务表现定义为准时送达包裹所占的百分数，而后通过多年的客户投诉记录分析，公司发现，准时送达只是客户满意中的一个标准，还有其他因素影响和反映着客户的满意度。

联邦快递总结出要达到客户满意度应该避免的 8 种服务失败，具体是：送达日期错误；送达日期没错，但时间延误；发运遗漏；包裹丢失；对客户的错误通知；账单及相关资料错误；服务人员表现不佳；包裹损坏。所以，对客户而言，满意的标准不仅是准时送达。

另外，联邦快递坚持每天跟踪 12 个服务质量指标，以从总体上衡量客户的满意度。与此同时，公司每年都要在 5 个方面进行多次的客户满意度调查。

①每一季对四个细分市场进行客户满意度调查，即电话通知联邦快递的基础业务、美国以外地区递送客户、专人递送中心客户及快件箱客户。

②半年一次的客户满意度调查，即联系曾经使用过联邦快递10项专门性程序（如客户服务、开票及发票调整等）的客户。

③每年两次联邦快递中心评价卡的收集、列表，并反馈给中心的管理人员。

④对联邦快递的7600个最大客户进行自动化调查，这些客户的业务量占公司总业务量的30%，为他们配备自动化系统，进行包裹跟踪和一系列其他自助服务活动。

⑤每年一次的加拿大客户调查，加拿大是美国以外联邦快递包裹到达最多的国家。

重视客户满意度使联邦快递收获了什么？

联邦快递的客户满意度从“完全满意”到“完全不满意”实行五分法调查，满意度最高达94%。这使联邦快递成为美国历史上第一个在成立后的最初10年里销售额超过10亿美元的公司。

二、影响物流客户满意度的因素

影响客户满意度的因素是多方面的，涉及企业的形象、产品、营销与服务体系等因素，只要能给客户创造更多的价值，就有可能提高客户满意度。可概括为以下五个方面：①企业因素；②物流产品因素；③营销与服务体系，这里主要是指营销与服务体系是否有效、简洁，能否为客户带来方便，售后服务时间长短及服务人员的态度等；④沟通因素，这里的沟通主要是看能否良好沟通，很多时候客户对物流产品或服务不是很了解，造成使用不当，需要物流企业提供咨询服务，如沟通不畅，就会产生客户不满意的现象；⑤客户关怀，客户关怀是指不论客户是否咨询、投诉，物流企业都应该主动与客户取得联系，对产品或服务等方面可能存在的问题，主动向客户征求意见，帮助客户解决以前并未提出的问题，倾听客户意见、建议。

三、提升物流客户满意度的方法

1. 提供个性化的产品或服务

随着消费需求的多样化、个性化，客户对产品和服务的要求也越来越高。企业在保持规模化生产的同时，也要针对不同客户的生产经营特性，为其设计并提供个性化的产品或服务，使其满意。

为此，物流企业必须做到以下几点：

（1）了解客户的真正需求

我们来看一个案例："双 11" 部分家装卖家推出 "慢递" 服务。对于习惯网购的消费者来说，通常要求物流服务越快越好，但也并非全部如此。例如，有网友称商家打折促销，买了一堆建材用品，但装修期却在两个月后。为让参加天猫 "双 11" 购物狂欢节的消费者享受网购的优惠，多个家装品牌推出了可让消费者在 2~4 个月内任何时间进行提货的个性化服务。

想一想生活中哪些产品或服务能体现人们的个性化需求？

（2）让客户亲自参与产品设计过程

我们也来看一个案例：可口可乐的个性化服务。

可口可乐公司推出个性化产品服务，联合众多商家，为消费者印上他们想印的名字，比如情侣将名字印在一起，这个过程让客户参与了产品包装的设计，这次活动为可口可乐公司带来了丰硕的收益和宣传口碑。

（3）提高企业生产的柔性、敏捷性

（4）做好企业的宣传

（5）提供便捷的购物

（6）提供优质的售后和后续服务

2. 增强客户体验

客户体验就是客户在购买产品或服务时，接受的一种体验。想一想日常生活中你有哪些感受深刻的消费体验？客户体验可分为产品层次上的体验、服务层次上的体验、感官层次上的体验、思维层次上的体验、文化层次上的体验。

3. 制定服务质量标准

①衡量服务质量的标准。

②客户服务质量评价标准，也就是 7RS。7RS 的核心是企业能在恰当的时间，以正确的货物状态和适当的货物价格，伴随准确的商品信息，将商品送达准确的地点。

4. 重视客户关怀

客户关怀主要包括三个阶段：

①购买前，客户关怀为鼓励和促进客户购买做了铺垫；

②购买中，客户关怀可以激发企业为客户提供更全面、优质的服务；

③购买后，客户关怀促进客户信任的形成和巩固，使客户能够重复购买。

了解了使客户满意的方法，如何对满意度进行评价呢？

四、物流客户满意度的评价

1. 统一主体、客体评价的过程和内容

物流客户服务实际上是一个双向的互动过程，包括客户服务需求及其客户服务需求的响应和满足。在具体评价时，应根据企业评价与客户评价来具体设计评价指标，是企业和客户指标的统一，评价指标应真实地反映出客户服务的实际水平。

2. 评价标准

在客户服务评价过程中，有些通用性的原则，主要包括：

①准确性原则；

②过程性原则；

③连续性原则；

④内部评价与外部评价相结合的原则。

3. 物流客户满意度评价的方法

物流客户满意度评价方法有许多，如问卷法、协调办公会、专家共评法、技术分析法等，其中问卷法是最常用的，协调办公会和专家共评法是最有价值的方法。

任务三　物流客户忠诚度

一、物流客户忠诚度的概念

客户忠诚营销理论是在企业形象设计理论和客户满意度理论的基础上发展而来的一种新的营销理论。物流客户忠诚度可以理解为：物流企业应以满足客户的需求和期望为目标，有效地消除和预防客户的抱怨和投诉，不断提高客户满意度，促使客户忠诚，在物流企业与客户之间建立起一种相互信任、相互依赖的“质量价值链”。

二、物流客户忠诚度的类型

根据忠诚产生的原因，可将忠诚度分为以下几种类型。

1. 冲动型忠诚

这种忠诚是基于意向的忠诚，也就是人们倾向于购买，这种购买决策过程比较简单，非常容易受外在因素的影响，尤其是价格的刺激。如果竞争对手用一个非常诱人的价格去进行促销，那么消费者就会很容易被吸引过去。

2. 情感型忠诚

这种忠诚是基于偏好的忠诚，人们是因为喜欢而去购买，所以做出的购买决策主要取决于客户对企业或产品的态度，也就是说他是否喜欢。所以企业往往对这部分消费者重点进行情感营销，让消费者产生情感偏好。

3. 认知型忠诚

这种忠诚是基于信息的忠诚，是最为理性的一种忠诚。他们通过分析产品或服务的各方面信息，然后决定是否购买，所以这种消费者在决策的过程中，需要获得大量的信息，他们会综合考虑各种信息，一旦市场竞争者出现更好的产品，他们也会仔细进行比较分析。

4. 行为型忠诚

这种忠诚是客户本身已经形成一种购买习惯。这种购买决策往往需要消费者克服一定的障碍，比如为了购买某种新的产品需要排很长时间的队，耗费很多时间。

三、物流客户忠诚的意义

1. 有利于企业核心竞争力的形成

客户忠诚度理论与当前的营销思想一致，始终坚持以客户为核心。事实证明，以客户为中心的营销理论会让企业形成新的核心竞争力，这种竞争力会长期在市场竞争中保持优势。

2. 对企业业务流程和组织结构将产生重大影响

客户忠诚度营销工作的开展是企业的一项系统性工程，它要求企业建立以忠诚度为基础的业务体系。合理分配和利用资源，进行以客户为核心的客户关系管理。同时，客户忠诚度营销工作的实施也会对企业的组织结构产生一定的影响，它的实施要求企业从上到下，要形成一个便于客户关系管理工作开展的畅通的信息传播媒体，改变以往那种相互分割的状况，使组织能对客户的信息做出快速反应。

3. 有利于提高企业员工的凝聚力

在客户忠诚度的营销理论中，我们认为客户不仅包括企业外的消费者，也包括企业的内部客户。特别是企业的内部员工。从某种意义上说，内部员工忠诚度的提高对企业来说意义更大。员工会通过自身的行为，为客户提供更好的服务，让客户满意。现在很多企业都在倡导员工关怀，给员工提供展现个人能力的平台和发展的空间，会极大地提高员工的热情，形成巨大的凝聚力。

4. 有利于推动社会的"诚信"建设

以客户满意度为起点，以客户忠诚为经营活动的目标，就可以促进企业不断地追求更高的目标，为社会创造更多令公众满意的物质财富。同时，企业以客户为中心的理念的贯彻，可以带动企业建立起诚实守信的经营机制，增强全体员工的服务意识和道德建设。

四、提高物流客户忠诚度的方法

1. 努力提升物流企业产品质量

世界上很多知名企业的成功案例告诉我们，消费者对品牌的忠诚大多是建立在对产品质量忠诚基础之上的，只有提供高质量的产品，才能让消费者在心中对企业产生依赖。

2. 及时更新物流企业产品或服务

随着时代的发展、技术的进步和消费者要求的变化，企业应及时开发新的产品和服务，满足市场的需求，从而让企业赢得客户的信赖。

3. 了解客户的需求

企业应尽可能了解相关客户的需求信息，在沟通和交流的过程中，随时注意了解和观察，知道消费者的真正需求是什么，这样服务质量才能提升，客户才能满意和忠诚。

4. 提升物流企业服务质量

物流企业属于服务型行业，基本都是通过开展服务与客户产生接触，所以企业的每位员工，都应该为客户创造愉快的购买经历，尽量超越客户的期望值。在实际中，我们发现，满意的客户往往会将他的愉快经历分享给身边的朋友、同事和亲人，这种宣传效果比做广告的效果更直接。

5. 提高物流企业客户满意度

客户满意度与客户忠诚度之间有着非常紧密的关系。客户满意是客户忠诚的基本前提。对于企业来说，要想实现客户忠诚，必须先让客户满意。所以企业不仅要提升客户满意度，还要持之以恒，形成良性循环。

6. 不断超越客户期待

若要超越期待就要向客户提供其渴望的，甚至是出乎意料的服务，首先在提供服务时，确定哪些是标准服务范畴，然后在标准之上寻求新的服务机会，从而让客户惊喜。这种超越也需要企业不断进行，这样即使出现竞争对手，也可以保持领先水平。

7. 满足客户个性化需求

企业在开展营销活动时，要注意个性化服务的开展，尽量满足客户个性化的需求，要想做到这一点，除了要对市场和客户进行细分，还需要掌握和收集大量的客户信息。在充分分析这些信息的基础上，才能更好地满足消费者个性化需求。

8. 及时有效处理客户问题

有研究显示：一个最好的客户往往是受过最大挫折的客户。得到满意答复的投诉者与从没有不满意的客户相比，往往前者更容易成为企业最忠诚的客户。一般而言，在重大问题投诉者中，有4%的人在问题解决后会再次购买该企业产品，而小问题投诉者的复购率则可以达到53%，若企业迅速解决投诉问题，复购率将在52%~95%。所以，作为企业要及时处理客户问题，不能耽误。

9. 简化购买程序

无论是线上渠道还是线下渠道，购买程序越简单越好，简化一切不必要的填表环节。企业应帮助客户找到他们需要的产品，解释这个产品的性能、特点等，并且简化交易过程，制定标准、简化的服务流程。

10. 重视服务内部客户

内部客户就是企业内部的员工，如果没有给内部客户提供适宜的服务水平，使他们以最大的效率进行工作，那么外部客户所接受的服务也会受到不良影响，必然会引起外部客户的不满甚至丧失外部客户的忠诚，如果企业不重视这个部分，势必导致较低的客户忠诚度和较高的客户流失率，最终导致企业盈利能力降低。

其实，每个企业都知道拥有忠诚的客户是好事，可是忠诚客户对于企业来说有多少价值，可能绝大多数的企业并不清楚。

五、客户满意和忠诚的关系

客户满意和忠诚之间的关系既复杂又微妙。

第一，满意才可能忠诚；

第二，满意也可能不忠诚；

第三，不满意一般不忠诚；

第四，不满意也有可能忠诚；

第五，只有在完全满意的情况下，客户忠诚的可能性才会最大。

客户满意度与忠诚度的关系如图 5-1 所示。

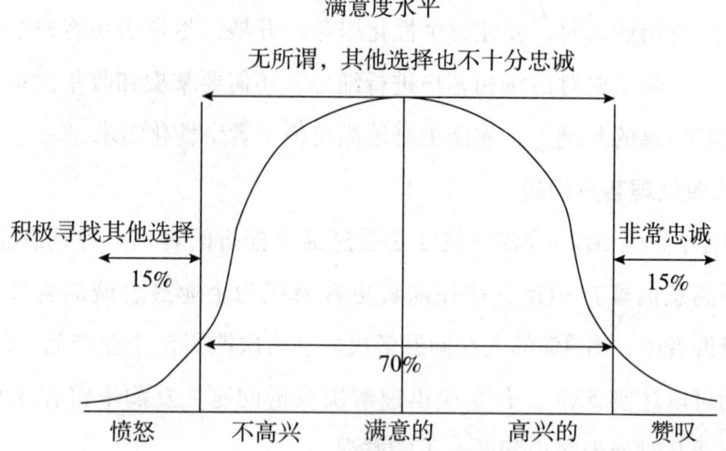

图 5-1　客户满意度与忠诚度的关系

从图 5-1 我们可以看出，客户忠诚在很大程度上受客户满意的影响，但是不绝对。客户忠诚度的获得必须有一个最低的满意水平，在这个满意水平以下，忠诚度明显下降。而最不满意的 15%的客户会积极去寻找其他更好的选择。在该满意水平线以上的一定范围内，忠诚度不受影响，即使客户满意也仍有很大的概率会流失。当满意水平达到某一高度时，忠诚度就会大幅增长，最满意的 15%的客户具有相当高的忠诚度。

忠诚的客户通常来源于持续满意的客户，但满意的客户也并不一定忠诚。只要客户有足够多的选择机会和强烈的选择意愿，不满意就不会忠诚，但是忠诚的客户也未必满意，尽管不满意，也可能迫于无奈而忠诚。

任务四　物流客户投诉

一、物流客户投诉的概念

众所周知，一个企业服务措施、服务水平做得再好，也难免会出现客户投诉的情况。提高客户服务水平，减少客户投诉是每个企业追求的目标。

物流客户投诉，就是指客户在使用产品或接受服务时，感到不满意，向物流企业有关部门申诉的一种行为。

二、物流客户投诉的原因

1. 企业自身原因

企业自身原因包括产品的质量无法满足客户的需求，或服务无法达到客户的要求，以及对客户期望值管理失误等。

2. 客户的原因

源于客户的原因主要包括弥补损失和性格的差异。弥补损失方面主要有以下几点。

①求宣泄：求宣泄的原因主要是客户的正当需求没有得到满足或受到不公正的对待而产生的挫折感，向管理人员抱怨。

②求补偿：客户的怨气宣泄之后，激动情绪得到缓解，他们要维护其合法的权益。一般情况下，客户因受损失而投诉，除对物质损失要求补偿外，更多的是对精神损失要求物质赔偿，以求得心理平衡。

③求尊重：客户自尊心受到伤害很难平复，因此发生投诉。要求当事人或管理人员当面认错，并赔礼道歉，以弥补客户受到的伤害。

性格差异也是产生投诉的原因，不同类型的客户对待不满意的态度不尽相同。理智型的客户遇到不满意的事，不吵不闹，但会据理力争。急躁型的客户遇到不满意会投诉且大吵大闹，最难应付。忧郁型的客户遇到不顺心的事，可能无声离去，绝不投诉，但也许永远不会再来。

三、物流客户投诉的方式

1. 电话投诉

客户会直接拨打公司的服务热线或投诉热线，表达自己的愤怒，但这种方式由于彼此看不到对方的表情和动作，只能通过语音进行判断。所以工作人员在处理电话投诉的过程中，一定要仔细收集对方的信息，注意自己的声音和语气。

2. 信函投诉

有些客户会选择信函投诉的方式，但是写信需要较长时间，所以一般信函投诉的客户都是经过深思熟虑的，这时工作人员需要立即将信息反馈给相关负责人员，同时通知客户已收到信函，表现企业的诚恳态度和愿意解决问题的意愿。

3. 现场投诉

部分客户会选择当面进行投诉，认为这种方式对发泄心中的怨气会有很大帮助。

这种方式非常直接，因为客户就在面前，采用了妥善的解决方法，客户就会满意而去。在协商过程中，要把客户请到人少的地方，避免对其他客户造成影响。

4. 电子邮件或短信投诉

信息化时代，电子邮件和短信投诉出现的频率越来越高，这种方式速度快、成本低，企业也能较方便地收集信息，但要注意速度。

四、物流客户投诉的内容

物流客户投诉的内容因产品或服务的不同而不同，因承诺达到的标准的不同而不同，其主要内容有以下几点。

1. 合同投诉

合同投诉就是订单投诉，在执行过程中，没有按合同所规定的数量、质量、规格等执行，而给对方造成一定的影响和损失，从而提出赔偿要求。因为有合同依据，合同投诉解决起来较为统一。

2. 质量投诉

质量投诉主要是因为产品质量不好、规格不好、技术不符合标准等造成的。

3. 服务投诉

服务投诉主要是针对服务质量、态度、方式、技巧的投诉。

4. 物流环节投诉

物流环节投诉是指在物流服务过程中，因环节的衔接影响等造成损失，引起客户不满的投诉。

五、投诉处理的措施

1. 鼓励客户发泄

当客户不满时，他只想做两件事情，即表达他心中的不满和迅速解决他的问题。所以这个时候切忌说“你先冷静一下。你先别激动。你可能还不太明白”这些话。在这个时候我们应该按以下方式处理。

①鼓励客户发泄，让客户发泄怨气。将客户请到环境舒适的地方，不时地点头，保持眼神交流。注意，只有在客户发泄完以后，他们才会听你讲话。

②仔细聆听，这是接待客户投诉最基本的态度。注意是聆听，需要用情感去交流，要学会控制自己的情绪，避免陷入负面评价。

2. 充分道歉，表达服务意愿

我们应该先说“对不起”，不管错误是否是你造成的，都应该道歉，注意用真挚热情的语气来表达。

3. 收集信息，了解问题

①注意提问方式，投诉客户不仅需要你的理解，更需要解决问题。比如，可以说：“很抱歉这台机器给您带来了不便，现在看看我们能为您做些什么呢?”

在提问的时候，要注意获取那些重要的信息，搞清楚客户到底要的是什么。把握说话的技巧，问题可包括以下几种。

了解身份的问题——请问您的姓名、手机号码?

描述性问题——请问您开机后出现了什么状况?

澄清性问题——先生，当时机器是开着还是关着?

结果问题——先生，看来只能把您的电脑送到这里检测一下了，您看可以吗?

询问其他要求的问题——先生，还有什么可以帮您的吗?

②倾听客户的回答，理解准确，让客户知道你已经知晓了他的问题。你可以用自己的话重复客户所遇到的问题，如果可能的话，你可以拿出笔和纸，边问边写。

4. 承担责任，提出解决的方法

①提出一个双方均可接受的方案；

②说清楚你想说的话，确认客户理解正确；

③不要承诺你做不到的事，先小人后君子。

5. 让客户参与解决方案

应该提出多个方案让客户选择，如果不知道怎样才能让客户满意，就要问“您希望如何解决”“您希望我们怎么做”“您需要我们怎么帮您”，如果客户的要求可以接受，就能迅速解决问题。

6. 承诺执行，跟踪服务

在确定了解决方案之后，应明确地向客户承诺将按照双方商定的方案执行。这个承诺要具体、明确，包括执行的时间表、责任人以及可能涉及的资源等。让客户感受到诚意和专业性，同时增强客户对解决方案的信心。

跟踪服务包括通过电话、电子邮件或信函，向客户了解解决方案是否有用，是否还有其他问题。

通过上述内容可以得出有效处理投诉的 6 个步骤：

鼓励客户发泄、充分道歉、收集信息、承担责任、让客户参与意见、跟踪服务。

整个过程就是一个大的循环过程，周而复始，循环往复。

六、减少客户投诉的措施

1. 物流企业的各级领导要高度重视客户服务

物流企业各部门要设立专门的“客户服务中心”和“举报投诉中心”，这些部门要有独立的办公场所，人员配备到位，完善各种规章制度，配备专用车辆和电话，同时遇到重大问题要及时向上汇报，以便取得上层领导的重视和支持。

2. 规范物流企业自身的经营行为，严格执行国家及行业政策与规定

在提供物流服务时，不违规、超标准收取费用，企业自身的各项经营行为应符合国家的法规与政策。

3. 向社会公开服务承诺，规范企业员工的服务行为

4. 接受社会的监督

企业可采取聘请监督员、召开座谈会等形式，定期听取客户的意见。

5. 调查研究客户需求心理

不同类型的客户有不同的需求，如大宗工业用户、个体用户以及私营者用户，还有特殊社会团体和人群，企业应根据客户群体提供个性化服务。

6. 建立服务质量奖惩机制，制定严格的奖惩考核规定

要对企业各部门和员工进行考评，对服务水平高、服务质量好、客户满意、没投诉的部门和人员进行奖励。对工作不认真、不负责，客户有意见、投诉多的部门和人员进行处罚。对发生的违规、违纪事件及时处理。特别是对那些以权谋私的行为，不管发生在普通员工还是领导身上，一经发现，都应该严格查处，绝不姑息迁就。

任务五　物流客户关系管理的意义

一、物流客户关系管理重要性的体现

物流客户关系管理对于企业的市场营销活动是至关重要的，它可以大规模、全方位地收集、分析客户信息，能够为市场营销提供越来越丰富的数据资源。其重要性具体表现在以下几个方面。

1. 有效整合客户的关键信息

企业通过客户关系管理，可以记录客户的详细信息以及客户的联络情况，客户关系管理包括客户档案管理、联络记录管理等。其中，客户档案管理的内容包括客户名称、所属行业、地址等基本信息。联络记录管理的内容包括每次与客户联系的时间、方式、具体情况、结果等。信息不仅是简单的收集和记录，还可以进行分析、处理和归档。在信息技术的支撑下，企业既能根据客户的特点提供服务，又能对客户的盈利能力进行评估。

2. 为客户提供个性化产品和服务，增加客户对企业的忠诚度

目前的个性化产品和服务主要是通过互联网提供，客户通过互联网选择并购买具有个性化配置的产品或服务，真正实现定制的个性化服务。客户通过浏览网页就可以查到自己感兴趣的产品和服务，从而提出需求。而企业后台直接通过数据收集获取并分析客户的购买信息，从而了解客户的需求，并且可以针对不同的客户进行个性化的促销和服务。

3. 提高售前工作的效率和质量

通过对有关物流基础方案的信息分析，营销人员在开展营销活动之前能更准确地制订营销计划，并且可以进一步对客户进行跟踪、分配和管理，这样可以帮助企业实施针对性强、效率高的市场营销活动，从而争取和保留更多的目标客户。

4. 企业对市场条件的变化做出即时反应

物流客户关系管理详细记录了相关信息，包括竞争对手的优势和不足，从而使营销人员制定营销战略时扬长避短，在最终的竞争中获胜。

二、客户服务的目标体现

客户服务反映了一种新型的营销理念，也是物流客户关系的主要载体，这种方式可以改善与优化企业与客户之间的关系。其主要实施的目标表现在以下几个方面。

1. 通过提供更快速和周到的服务，吸引和维持更多的客户

利用客户服务系统，企业能够从与客户接触中了解他们的名称、企业年限、经营状况、企业性质等信息，并在此基础上进行一对一的个性化服务。通过收集、追踪和分析每个客户的信息，知道客户需要什么，为他们量身定做产品，并把客户想要的产品和服务送到他们手中，这才能真正赢得客户忠诚。

2. 通过对业务流程的全面管理，降低企业的成本

企业可以依据不同客户过去的购买行为，分析他们的不同偏好，预测他们未来的

购买意向，据此分别对他们实施不同的营销活动，避免大规模广告的高额投入，从而使物流企业的营销成本降到最低，而营销的成功率提高。

3. 客户服务的自动化

目前，客户服务主要是通过现代化通信技术实现的。

案例分析

案例一：来自一名洗衣公司客户的投诉信

为了提供快速准确的服务，减少客户在门店里等候的时间，W 洗衣公司使用了一套新的计算机管理系统。但时隔不久，公司总裁就收到了一封来自老客户的投诉信。

该客户一直对 W 公司的服务十分满意，如该公司门店的交通十分便利，营业时间较长等，但有一件事使他感到非常不愉快。

该客户投诉说，因为 W 公司弄丢了他送去清洗的多件衣物，使他不得不重新购买四件新的衬衣以替代丢失的衣服，一个半月以后丢失的衣服才被找到。之后，该客户又多次致电 W 公司的客户服务部门试图登记投诉，并希望获得衬衣和清洗费的赔偿。但过了很久，他才收到公司总部的答复。

在投诉信的结尾，该客户要求 W 公司赔偿丢失订单的清洗费和四件新衬衣的购买费用，并做出诚挚的道歉。

案例二：某快递公司的客户满意度提升计划

某快递公司在 2019 年进行了一项客户满意度提升计划。过去，该公司在配送过程中时常会出现错发、延迟等问题，导致客户对其评价不高。为了改善这一状况，该公司采取了一系列措施。

首先，他们重新组建了物流团队，加强物流管理和控制，确保订单在规定时间内完成。其次，他们实施了“客户满意度奖励计划”，对拣货、派送等表现优异的员工进行奖励，刺激员工积极性。同时，他们也优化了客服工作流程，建立了更加高效的客服工作流程，及时回复客户咨询，并根据每位客户的反馈建立档案。最后，在标志性产品发布前，该公司邀请了一批忠诚的客户进行试用，他们得到了宝贵的反馈，将在之后的产品发布中进行完善。

这一举措使客户感觉受到了关注，提高了客户满意度。通过这个例子，我们可以看出，提高客户满意度的重点是全方位的服务和关注，无论是物流、客服还是市场营销，都需要全面优化。

客户满意度的提升不是一蹴而就的，需要企业不断调整、完善，才能真正实现长期稳定的提升。因此，企业要定期评估客户满意度，不断地总结经验教训，进一步提高服务能力，满足客户需求。

任务	案例启示		
分析案例一	(1) 让客户不愉快的仅是那笔清洗费吗？ (2) 如果你是客服部经理，接到该客户的投诉时会怎样处理？ (3) 如果你是公司的总裁，会怎样处理这件事？		
分析案例二	请说一说你还有哪些提高某快递公司客户满意度以及培养忠诚客户的方法？		
学生姓名		指导教师	

活页笔记

1. 与同学一起讨论客户追踪的伦理和法律问题。哪些客户数据可以追踪？在追踪过程中应该注意哪些道德和法律限制？

2. 如何在保持合规的同时实现客户追踪的最大效益？

<table>
<tr><td>问题</td><td colspan="3">解答</td></tr>
<tr><td>1</td><td colspan="3"></td></tr>
<tr><td>2</td><td colspan="3"></td></tr>
<tr><td>本项目的收获体会与建议</td><td colspan="3"></td></tr>
<tr><td>学生姓名</td><td></td><td>指导教师</td><td></td></tr>
</table>

项目六　物流客户关系管理技术

认知目标

➢ 掌握物流客户信息的基本概念和特点，理解其在物流管理和客户服务中的关键作用。

➢ 了解数据库的基本概念、结构和设计原则，认识到其在物流客户信息管理中的重要性。

➢ 了解呼叫中心的发展历程，明确其基本概念及其在物流服务中的作用。

➢ 了解 CRM 的类型及三种 CRM 之间的关系，认识到其在客户关系管理中的应用价值。

➢ 探索微信公众号在客户关系管理中的应用，理解其作为客户关系管理工具的潜力和价值。

➢ 掌握虚拟数字人的基本概念，理解其技术特点和在物流行业中的潜在优势。

➢ 理解数字化技术在物流客户服务与管理中的应用，认识到其对提升服务质量和效率的重要性。

能力目标

➢ 学会收集和整理物流客户信息，能够构建一个全面、准确的客户信息系统。

➢ 能够建立并维护一个高效的物流客户数据库，确保数据的准确性和安全性。

➢ 掌握呼叫中心的具体应用技术，如电话技术、语音识别等。

➢ 掌握如何运用 CRM 系统维护和管理客户关系，增强客户满意度与忠诚度。

➢ 掌握如何通过微信公众号管理客户关系，包括客户咨询、投诉处理、信息推送等。

➢ 能够分析虚拟数字人在物流行业的潜在应用，并探讨其对企业运营的潜在影响。

➢ 能够运用数字化技术改进物流客户服务与管理流程，提高服务效率和质量。

思政目标

➢ 培养对物流客户信息安全的重视，确保在收集、整理和使用客户信息时遵守法律法规和伦理规范。

➢ 增强对数据管理和维护的责任感，确保物流客户数据库的准确性和安全性。

➢ 树立以客户为中心的服务理念，通过应用数字化技术提升客户体验和满意度。

➢ 培养对新技术、新方法的开放态度和学习能力，以适应物流行业不断变化的客户需求和技术环境。

➢ 强调团队合作和沟通的重要性，在物流客户服务与管理中形成良好的协作氛围。

任务一　物流客户信息

一、物流客户信息概述

1. 物流客户信息的定义

物流客户信息是伴随着企业的物流活动同时发生的，在物流活动中，按照所起作用的不同，可将物流信息分为订货信息、库存信息、生产指标信息、发货信息、物流和信息流。

而物流客户信息就是订货信息、库存信息、生产指标信息、发货信息、物流和信息流相对应的组织或个人信息的集成。

2. 物流客户信息的特点

物流企业每天都会接触大量的客户信息，这些信息和其他一般企业接触的客户信息相比，具有以下特点。

①信息涉及面广、数量大、信息高峰时与平时的信息量差别很大。目前大多数物流企业业务范围广泛，所以客户分布范围也较广，而不同客户的相关需求又有所差异，所以物流企业客户信息涉及面广、数量大。此外，在高峰期，如每年“双11”，客户订单量暴增，导致物流客户的需求量激增，这对物流企业来说都是极大的考验。

②物流客户信息动态性强，实时性要求高。物流企业产生的物流活动绝大部分都有很强的时效性，所以对信息的动态性、实时性要求都非常高。

③信息的来源比较分散。物流企业客户通常来自不同行业、不同地区，所以较为分散。

④信息复杂、种类繁多。物流企业的客户信息与一般企业相比更为复杂多变，且涉及采购、生产、运输、配送、流通、加工等多个环节，种类繁多。

⑤与企业内其他部门的关系十分密切。物流作为整个市场流通的重要环节，起到了一定的纽带作用，所以通常物流企业与商流、生产企业之间的关系非常密切。

3. 物流客户信息的作用

（1）提高客户服务水平

完善的物流客户信息系统有助于实现物流的功能，提高物流企业的客户服务水平。

（2）有利于物流企业实施更有针对性的服务方案

掌握物流客户的信息、了解物流客户需求有利于物流企业提出有针对性的营销措施，制定、完善并组织实施个性化的物流解决方案。

二、物流客户信息的收集

信息的收集是管理信息的第一步，也是非常重要的一步，这一步直接影响后续的信息管理质量。

1. 收集原则

①针对性：重点围绕物流活动进行，针对不同物流信息需求、不同经营管理层次、不同目的和要求进行收集。

②目的性：信息收集的过程要有一定的目的性，这样才能让信息收集有组织、有计划地进行。

③准确性：只有准确的信息才是有效的信息，所以信息的收集必须准确无误，不准确的物流客户信息不仅浪费人力、物力和财力，也浪费时间，还影响企业的判断，会带来巨大的经济损失。

④时效性：时效性是信息所具有的一个极重要的属性，如果信息过时，将减弱其本身的价值，甚至失去价值。保证信息收集有效的办法，就是积极做好信息预测工作，抓住潜在的信息，走在时间的前面。

2. 收集的内容

（1）物流客户信息指标

物流客户信息指标主要有：客户访问信息、客户档案信息、员工当日服务记录等。

其中，客户访问信息包括巡视员信息，如现场发现、员工与客户关系状况、客户现场言行等。

（2）物流客户信息收集的参考指标

物流客户信息收集的参考指标主要有市场占有率、市场覆盖率、投诉抱怨率、内部职能协调与响应流程时间、企业对客户响应时间、妥善处理各项问题所需时间、产品与服务的协调性、价格适度性、员工服务态度和技能水平等。

信息收集完毕，就要对收集的信息进行整理。

三、物流客户信息的整理

日常收集到的客户信息大多是零散的、孤立的、形式各异的，所以必须经过一定的整理、加工，采用科学的方法对收集的信息进行筛选、分类、比较、计算、存储，使之条理化、有序化、系统化，才能使其成为综合反映某一特征的真实、可靠且有较高使用价值的信息。

1. 整理的内容

（1）建立物流客户信息档案

客户信息非常丰富，所以我们要为客户建立档案。客户信息档案包括以下四种类型。

①客户基本资料，主要包括客户名称、联系方式、所属区域、客户类型等；

②客户扩展信息，主要包括注册资金、财务情况、经营计划、职工人数、发展潜力、优势劣势等；

③重要人事信息，主要包括姓名、年龄、民族、婚姻、联系方式、家庭成员、教育背景等；

④竞争对手信息，主要包括产品（服务）价格、大客户的业务量、市场占有份额、营销手段等。

（2）整理产品或服务的信息

产品或服务的信息包括产品特点、是否有现货、目前存在的问题、产品的升级方案、安装调试流程、保修和合同条款等。

（3）记录客户反馈信息

对于客户反馈的相关信息要及时进行记录，这样企业才能有效建立和维护客户的忠诚度，完善企业在客户心目中的形象。

2. 整理的方法

（1）交谈中信息整理与分类的方法

交谈中信息整理与分类主要包括客户投诉和投诉信息。

（2）信函中信息整理与分类的方法

信函中的信息比较容易分类整理，但是如果不及时处理就会造成积压，所以最好的办法就是将信息分类整理形成制度化规定。

（3）内部客户信息整理与分类的方法

内部客户信息整理实质上就是物流系统及物流系统信息管理，这部分信息要求快速反应，要注意连贯性、协同性。

（4）外部客户信息整理与分类的方法

外部客户信息反馈是企业与外部客户联系的纽带，是深化和融洽客户关系的公关行为，是改善服务方式和物流工作的管理举措。所以要及时对外部客户的信息反馈进行整理与分类，改进企业客户服务存在的问题。

任务二　物流客户数据库管理

物流企业在不断成长的过程中，会逐渐积累相对稳定的客户群，这些群体将是企业发展的核心要素。对于这部分客户所产生的数据库资料，如果企业很好地利用，对提升企业的客户服务水平能提供相应的数据支持和帮助。

目前，欧美等发达国家和地区已经将数据与客户的管理与营销联系在一起，并得到了广泛的应用，包括 DM（定向直邮）、EDM（电子邮件）营销、E-FAX（网络传真）营销、SMS（短消息服务）。可以说，数据库营销的应用已经迎来了一个黄金发展时期。

一、数据库概论

1. 数据库的概念

数据库是按照数据结构组织、存储和管理数据的仓库。随着信息技术和市场的发展，特别是20世纪90年代以来，数据管理不仅是存储和管理数据，更是转变成用户需要的各种数据管理。现在越来越多的企业开始选择数据库营销，用于客户关系管理和营销活动。这些新的关系管理和营销服务方式的开展，对于当前服务企业、提升企业竞争力、提升市场份额有着很大的促进作用。

2. 建立物流客户数据库的作用

（1）找到目标客户

物流客户数据库中潜藏着大量的数据信息，通过数据分析，可以快速找到自己需要的目标客户。

（2）降低成本，提高销售效率

企业开展物流客户数据库管理，可以让企业将人力、物力和财力更好地集中在关键客户的身上，减少不必要的开支，降低成本。

（3）获得更多长期的忠诚客户

采用数据库技术，可以帮助企业与客户创造更多沟通交流的机会，增进企业和客户之间的感情，并且针对重要客户有针对性地开展相应的活动，这些都可以帮助企业获得更多长期的忠诚客户。

二、建立 CRM 数据库

1. 建立 CRM 数据库的一般步骤

一般来说，建立 CRM 数据库要经历六个基本步骤：数据采集、数据存储、数据处理、寻找理想重点客户、使用数据、完善数据。

（1）数据采集

数据库的数据一方面通过市场调查、物流企业客户消费记录和促销活动记录收集。另一方面利用公开数据，如人口统计数据、企业财务信息披露、政府公报等都可以有选择性地录入数据库。

（2）数据存储

将收集的数据以重点客户为基本单元，逐一输入计算机系统，建立重点客户数据库。

（3）数据处理

运用先进的统计技术，利用计算机把不同类别的数据整合为有条理的数据库，然后在各种软件强有力的支持下，生成产品研发部门、营销部门、公共关系部门所需要的详细数据。

（4）寻找理想重点客户

分析使用某一产品的客户所具有的共同特点，用计算机勾画出某产品的客户模型，他们具有共同的特点，如兴趣、收入，这样可以找出目标客户，以他们作为营销工作的目标。

（5）使用数据

数据库可用于多个方面，如根据客户要求选择营销推广的方法，根据重点客户的使用需要开发新服务项目，根据重点客户的消费特征有针对性地制作广告。因此，数据库不但可以满足信息提取的需要，而且可以用于数据库营销项目的开发。

（6）完善数据

随着物流服务的发展，要对重点客户的数据进行收集和整理，并根据客户的发展不断完善和充实数据库。

2. 建立数据库客户关系管理的原则

（1）尽可能地将客户的资料完整地保存下来

建立数据库时，要注意客户资料记录的完整性，防止数据丢失造成后期数据分析的差错，保证原始数据的真实性和完整性。

（2）将内部客户资料与外部客户资料区分开

在建立数据库的过程中，要注意把内部客户和外部客户进行区分，因为内部客户和外部客户具有不同的特点，对企业产生的影响也有所区别，所以要区别对待。

（3）数据库管理的安全性

在信息时代，数据库管理要时刻注意数据的安全性，防止出现客户数据丢失和泄露的情况，所以企业要加强信息技术方面的安全技术等级。

（4）随时维护

在管理过程中，对于数据库要随时进行维护，因为每天产生的数据量非常大，数据也在随时发生变化，新的有价值的数据要及时录入，旧的没有价值的数据要及时删减，所以数据库的维护要随时进行，不能延误。

三、数据库与重点客户关系管理的实际应用

目前企业数据库的应用主要集中在重点客户关系管理层面，根据大量的重点客户信息预测重点客户所需物流服务的情况，并利用这些信息有针对性地制定营销策略，从而使客户得到更加个性化的服务支持。

1. 市场预测

对客户数据库中的各种原始数据，可以采用数据挖掘技术和智能分析手段，在潜

在数据中发现盈利机会。根据客户年龄、性别、统计数据和其他因素，对客户购买某一具体货物的可能性和所需的物流服务做出预测。

2. 分析每位客户的盈利率

利用企业数据库中的具体资料，能够深入信息的微观层次，加强客户区分的统计技术，计算每位客户的盈利率，然后抢夺竞争者的最佳客户，保护好自己的最佳客户，培养自己极具潜力的客户，驱逐自己最差的客户。

3. 数据库是 CRM 的基础

数据库技术是企业实施 CRM 的重要基础。企业 CRM 系统的背后，其实就是一个功能强大的客户服务数据库，存储了客户的各种资料及交易行为，并能利用数学分析模型对这些数据进行深层次挖掘，对客户的价值和盈利率进行分析。可见，在实施 CRM 过程中，将企业原有的客户数据按顺序进行整理，输入数据库，从而搭建一个完整的数据库是整个过程的基础。

任务三　客户关系管理中的呼叫中心

一、呼叫中心的概念

关于呼叫中心概念的理解可从两个方面着手。

1. 从管理方面

呼叫中心是一个促进企业营销、市场开拓并为客户提供友好的交互式服务的管理与服务系统。它作为企业面向客户的前台，面对的是客户，强调的是服务，注重的是管理，充当着理顺企业与客户之间的关系，并加强客户资源管理和企业经营管理的渠道。它可以提高客户满意度、完善客户服务，为企业创造更多的利润。

2. 从技术方面

呼叫中心是围绕客户采用 CTI（计算机电话集成）技术建立起来的客户关照中心。这个呼叫中心对外提供语音、数据、传真、视频、互联网、移动等多种接入手段，对内通过计算机和电话网络联系客户数据库和各部门的资源。

二、呼叫中心的发展历程

呼叫中心最早起源于 20 世纪 50 年代美国的民航业，最初的目的是向乘客提供咨询服务和处理投诉。到了 20 世纪 70 年代初，美国的银行就开始纷纷建设自己的呼叫中心，呼叫中心开始大范围发展起来，一直持续到20世纪90年代初。CTI技术促进了呼叫中心的发展，使呼叫中心与计算机、电话相结合，从而发展成为新的呼叫中心产业。

目前，呼叫中心已经发展成为多元化的产业链，与多项系统技术相结合，其中最具代表性的就是客户关系管理中的CRM系统。现如今，呼叫中心的发展已经经历了从传统呼叫中心到现代呼叫中心，一共四代。

第一代：以简单的电话查询为代表，如114电话号码查询平台，这个阶段的呼叫中心非常简单，只能提供单一的查询服务。

第二代：通过打电话的方式可以进行查询，也可以形成交易，以800电话为代表，这个阶段的呼叫中心可以实现在线交易，所以对技术的要求比第一代要高。

第三代：呼叫中心演变为主动的客户关照中心。处理咨询和投诉业务，还需对客户进行跟踪，为关系客户提供个性化服务。这个阶段的呼叫中心开始与后台数据库结合，通过积累客户服务信息，为公司提供决策服务和进行数据库直销，是计算机通信集成技术的典型应用。

第四代：呼叫中心和互联网相融合，把IP（网际互联协议）电话和CRM无缝结合起来，把语音、传真、电子邮件完美结合起来。这个阶段的呼叫中心具备了更多的功能，如数据挖掘、实时监控功能等，通过电话、Web（网络）、IP电话等客户接入方式，既促进客户主动访问，又减少客户通信成本，由成本中心转为利润中心。

现代的呼叫中心，应用了CTI技术，使呼叫中心的服务功能大大增强。CTI技术是以电话语音为媒介，用户可以通过电话机上的按键来操作呼叫中心的计算机。

三、呼叫中心的作用

企业早已认识到呼叫中心能给营销带来巨大的价值，大多数企业都有简单的客户服务电话系统，公布一个或数个电话号码，并在内部制定一些电话服务的工作流程和具体要求。

对于多数企业而言，激烈的竞争对服务的要求日益提高，分散的客户资讯和低效率的管理方式已不足以满足企业需求。现在的制造企业，需要的不仅是“呼叫”，更重要的是通过提升“呼叫”的服务质量来提升客户满意度，从而实现与竞争对手的差异化。

作为客户联络企业的窗口，呼叫中心能够在以下三个方面提升企业客户的满意度。

1. 客户体验的提升

客户的体验效果，直接决定着客户对企业的满意度和忠诚度。如果客户需要联系企业，却遇到诸如电话无人接听、长时间占线等情况，无疑会降低客户对该企业的满意度。

在IVR（互动语音应答）、ACD（自动呼叫分配）、CTI等系统的帮助下，呼叫中心可以很好地解决上述问题，电话无人接听、长时间占线、转接失败、承诺回复却无消息这些情况将不再发生。

2. 效率

一部分客户需求可以通过互动语音应答系统、自动传真等功能得到满足，减轻了座席人员的工作量，系统也可以帮助座席人员完成各种记录、给出工作提示，其工作效率可以得到大幅提升。自动拨号、呼出对象资料提示等功能也可大幅提升外拨业务的工作效率。

3. 管理能力

简单的客户服务电话系统缺少统计功能，难以对市场营销活动后市场的反应、员工的工作效率和工作质量做出统计和评估，管理人员很难准确掌握客户服务电话系统的运作情况。

呼叫中心系统的报表与质量管理功能可以生成详细的统计数据，市场营销活动后市场的反应、单个员工的工作效率及质量都可以清晰地体现，从而帮助管理层了解整个呼叫中心的工作情况。

任务四　客户关系管理中CRM系统的应用技术

一、CRM如何创造企业价值

近几年，CRM已成为一个十分热门的词汇，对于这一概念的定义，目前业界并没有统一的标准。调查显示，企业80%的利润来自20%的客户，而发展新客户所需的费用是维持老客户的6~8倍。虽然现在大部分企业都懂得这个道理，纷纷说要把最好的服务提供给最有价值的客户。但是，最有价值的客户在哪里？如何把握新老客户？如何进一步提升客户价值？企业“以客户为中心”是只停留于产品设计制造的层面？还是贯穿企业业务流程乃至战略的各个环节？CRM系统则能够帮助企业有效解决这些问题，对不同类型的客户采取不同的战略，可以更快地适应市场变化。

二、CRM系统

CRM系统的主要功能是对营销、销售、客户服务三部分业务流程的信息化；与客户确定渠道的集成和自动化处理方案，对上述功能积累的信息进行加工处理，形成客户智能，为企业的战略战术决策做支持。

CRM模型反映了目标客户、主要过程以及任务功能之间的相互关系。产品开发和质量管理过程分别处于CRM过程的两端，为建立CRM模型提供了必要的支持。在CRM系统中，各种渠道的集成是非常重要的。企业与客户之间有双向的沟通，因此拥有多种营销渠道是实现良好沟通的必要条件。

根据CRM系统的一般模型，可以将CRM系统划分为接触活动、业务功能和商业智能。接触活动包括直接沟通、传真、移动销售、呼叫中心、电子邮件、互联网和其他营销渠道。业务功能主要是指CRM系统对营销、销售和客户服务所给予的支持。商业智能主要是指CRM系统可以帮助企业准确地找到目标客户群，帮助企业满足客户需求，降低成本，提高效率，帮助企业根据客户生命周期价值对现有客户进行划分，帮助企业结合最新信息和结果制定新的营销策略。

三、CRM的类型

1. 运营型CRM

运营型CRM又叫操作型CRM，也称前台CRM。运营型CRM建立在这样一种概念上，客户管理在企业成功方面起到重要的作用，它要求所有业务流程实现流线化和自动化，包括多渠道客户“接触点”的整合、前台和后台运营之间平滑地互相连接和整合。

目前市场上大多数的CRM产品关注的焦点是运营型CRM产品，运营型CRM产品占据了CRM市场大部分的份额。运营型CRM的功能主要体现在销售、营销和客户服务三个方面。

运营型CRM是整个CRM的基础，收集了大量的客户信息、市场活动信息和客户服务信息，并且使销售、市场、服务实现一体化、规范化和流程化。

但是，对于大量的客户信息，将如何处理，如何从数据中得到信息，从信息中得到知识，对我们的决策和政策制定加以指导是十分重要的。

2. 分析型CRM

分析型CRM主要是分析运营型CRM和原有系统中获得的各种数据，进而为企业的经营和决策提供可靠的量化依据。分析型 CRM 可以进行客户分析、客户建模、客户沟通，实现客户服务个性化，优化服务流程，为后续的客户跟进与服务提供了坚实的支撑。

目前，分析型 CRM 主要做数据挖掘和分析，比较适合金融、电信、证券行业。这些行业的企业大多具备比较成熟的 IT（互联网技术）系统，原来已经搭建了网管系统、业务系统，现在要做的是对原来系统中获得的各种数据进行分析，进而为企业的经营和决策提供可靠的量化依据。

3. 协作型 CRM

有了分析的结果，一方面是将分析的结果交给领导做参考，另一方面是将分析的结果，通过合适的渠道（电话、邮件、传真等方式）自动地将结果分发给相关的客户。如果已经分析到一类客户可能会流失，那么应该给这些客户以关怀。CRM 系统自动地将这些客户的联络方式推送到呼叫中心，通过呼叫中心与客户进行互动。这就需要协作型 CRM。

四、三种类型 CRM 之间的关系

我们可以用人的身体部位来描述三种类型的 CRM，运营型 CRM 是 CRM 系统的“躯体”，它是整个 CRM 系统的基础，可以为客户服务提供支持。

分析型 CRM 是 CRM 系统的“心脏”和“大脑”。它为我们的决策提供指导，但是也需要运营型的 CRM、协作型 CRM 或公司原有的业务系统提供大量的数据才能工作，因为分析型 CRM 数据仓库不管理接触点。

管理接触点的运营型 CRM 和分析型 CRM 的后台数据库相结合，就产生了协作型 CRM。

CRM 是企业的一项重要资产，通过 CRM 可以进一步体现客户关怀功能，从而增强客户满意度与忠诚度。

任务五　客户关系管理中微信公众号的应用

随着社会的不断发展，互联网技术日趋成熟，各行各业都在积极探索如何利用互联网平台提升企业的服务水平和管理效能。

微信作为当下普遍使用的社交软件，其影响力不言而喻，在物流企业中，使用微信与客户沟通已经成为一种趋势，那么如何利用微信公众平台获得更多的利益，提高自身的关注度，管理与维护自身的客户群将成为发展的重点。

一、微信与微信公众号

微信作为主流的社交工具，有利于运营人员更好地与客户进行沟通，同时也可以帮助企业寻找客源，进行营销。

微信公众号在微信功能的基础上具有管理用户、群发消息等有助于企业营销的功能，微信公众号的使用能够帮助运营商获得更多的关注度，为潜在客户的发掘与其利益的增长提供良好基础。

企业在运营过程中，通过向粉丝推送精选文章、企业和产品介绍引起其兴趣，同时利用参赛、兴趣组等活动实现与粉丝的互动，进而实现企业与用户的零距离接触，更好地掌握客户的需求与市场变化。

二、微信公众号应用的优势与不足

1. 微信公众号应用的优势

（1）物流企业使用微信公众号可以方便地与客户进行沟通和交流

通过微信公众号，物流企业可以发布物流信息、运输进度、货物跟踪等相关信息，让客户随时了解货物的动态。客户可以通过微信公众号提出疑问、投诉或者进行咨询，物流企业可以及时回复，提供专业的解答和服务。与传统的电话沟通相比，微信公众号的即时性和便捷性更加突出，不受时间和空间的限制，提高了客户的满意度和体验感。

（2）物流企业使用微信公众号可以实现客户管理和信息管理的一体化

通过微信公众号，物流企业可以获取客户的基本信息，并建立客户档案。根据这些信息，物流企业可以进行个性化的服务和定制化的推广。同时，物流企业还可以通过微信公众号对客户进行分类，实现对客户的精细化管理，提高运营效率和资源利用率。

（3）物流企业使用微信公众号还可以进行市场推广和品牌建设

通过微信公众号，物流企业可以发布企业动态、行业资讯、优惠活动等信息，吸引更多的潜在客户关注和了解企业。通过微信公众号的互动功能，物流企业可以与客户互动，增强客户黏性和忠诚度。同时，物流企业还可以通过微信公众号进行市场调研和用户反馈，不断改进产品和服务，提升企业的竞争力和形象。

2. 微信公众号应用的不足

物流企业在使用微信公众号进行客户服务与管理时也会面临一些问题和挑战。

①由于微信公众号的开放性和便捷性，可能会导致信息传播的不准确和不规范。物流企业需要加强对信息的审核和管理，确保发布的信息真实、准确、合规。

②物流企业需要投入一定的资源维护和管理微信公众号，包括内容更新、客户回复、系统运维等。物流企业需要合理规划人力资源，确保微信公众号的正常运营和服务质量。

三、微信公众号在客户关系管理策略中的应用

企业在日常微信公众号管理过程中，应当注意产品的细分，加强其对市场的针对性。同时，积极利用二维码进行客户群体的扩展。在用户与企业互动方面应当注意各种形式的活动的举办，增加两者之间的互动。

在日常信息推送过程中，应当注意满足客户需求与自身项目推广的需求，同时，提高粉丝的参与度，可使其参与公共账号社区的建设。

在账号建立过程中，应注意主题的确定，明确其推广信息的主旨，以帮助企业明确自身定位，获得更多客户的认可。明确的公众号定位能够帮助企业宣传产品优势，增强自身实力，进而吸引和留住客户的关注；同时，注意线上、线下的互动，以公众号作为宣传渠道，结合产品销售，发展客户的数量，增加公众号的关注度。

此外，还要注意微信用户获取信息的时间具有短小、细碎的特点，进而有效对信息进行简化处理，使客户对微信公众号所推送的信息始终保持高关注度与忠诚度。

任务六　客户关系管理中虚拟数字人的应用

数字经济时代的到来，标志着科技的迅猛发展，数字世界和现实世界日益交融，曾经存在于科幻电影和小说中的虚拟助手，现以栩栩如生的数字人形象呈现在大众视野中，并迅速渗透企业的各个角落。从为客户提供智能化服务到成为员工的助手，虚拟数字人正以令人瞩目的速度为企业创造着前所未有的价值。

一、什么是虚拟数字人

虚拟数字人，特指存在于非物理世界中，由计算机图形学、图形渲染、动作捕捉、

深度学习、语音合成等人工智能技术打造的具有多重人类特征的综合产物。

对虚拟数字人的认知由三个关键概念构成，“虚拟”指存在于非物理世界，“数字”指技术驱动，“人”指高度拟人化。其中，“人”的属性是虚拟数字人技术的终极指向。

虚拟数字人在智能技术助力下，不再是机器的冰冷延伸，既有个人真实身份加持，包含其个人品牌、形象，又比真人具备更多的价值、更强的多项任务处理能力，性格也更加善解人意，这等同于为个人价值赋能。

二、虚拟数字人的应用

1. 自动化客户服务

虚拟数字人可以作为自动客服代理，回答常见问题、提供产品信息，从而减少人工客服的工作量，帮助企业降低成本，并能够全天候提供服务。只需要把常见的问题输入数字人的知识库，通过不断的自动学习，虚拟客服就会变得越来越聪明。

2. 虚拟销售助手

虚拟销售助手能够自动处理常见问题，为销售团队减轻繁重的重复性工作。销售人员可以更专注地与客户建立关系、解决复杂问题和进行战略性谈判，从而提高销售团队的效率和价值。

虚拟销售助手可以根据客户的需求和偏好，推荐适合的产品，为客户提供个性化的销售支持，为企业提高销售转化率。

3. 培训与教育

虚拟数字人可以用于员工培训，提供模拟场景、角色扮演和实时反馈。在降低培训成本的同时，帮助员工更好地理解和应用所学的知识。

4. 跨地域协作

虚拟数字人精通各国语言，甚至地方方言，为分布在全球各地的团队提供沟通和协作方面的帮助。

5. 智能助手

虚拟数字人可以作为员工的智能助手，帮助他们管理日常任务、提醒重要事项，甚至能帮助他们安排日程。这有助于提高员工的工作效率，让他们更专注于战略性任务。

三、虚拟数字人的优势

智能客服的兴起，再加上数字化手段的综合应用，可以实现虚拟数字人与现实用户面对面的交流，大幅提升人机交互体验感。因此，虚拟数字人客服逐渐被营销类的企业关注，在基于人工客服业务规则的机械化问答外，逐渐拥有了更多价值。

1. 提高客户满意度

虚拟数字人可以实现24小时不间断服务，随时为客户提供帮助，提高客户的满意度。与传统的客服不同，虚拟数字人可以通过自然语言处理技术和语音识别技术等进行智能交互，更加贴近客户的需求，提高客户满意度。

2. 节约人力成本

引入虚拟数字人可以节约企业的人力成本。与传统的客服相比，虚拟数字人不需要额外的培训和管理，只需简单的运维和更新，可以同时处理更多的客户服务请求，降低了企业的客服成本。

3. 提高企业效率

虚拟数字人可以快速、准确地处理客户的咨询和投诉，提高企业的效率。通过客户的咨询和投诉，虚拟数字人可以进行数据分析和挖掘，提供有针对性的解决方案，帮助企业优化产品和服务，同时解决问题的准确率也更高。

4. 提高品牌形象

虚拟数字人可以为企业提供高质量、高效率的服务，提高品牌形象和信誉度。虚拟数字人通过虚拟形象和语音交互，为企业带来新的视觉体验和情感互动，提高客户对企业的认可度。

5. 扩大客户群体

虚拟数字人可以通过多渠道接入，扩大客户群体。虚拟数字人可以在企业网站、微信公众号、App（应用程序）等多个渠道接入，让更多的客户享受虚拟数字人的服务，用多种语言沟通交流，扩大了企业的国际市场。

虚拟数字人在客服领域的应用场景众多，可以在很大程度上解决客服痛点问题。在客户和虚拟数字人一对一的沟通中，即时回复能省去客户等待的时间，服务过程中沉淀下来的各种数据，也能帮助虚拟数字人不断地自动学习，提高应答效率，从而形成一种正向循环。虚拟数字人的应用让人工座席节省更多的时间和精力面对高价值问题，主动为客户提供更个性化、更灵活、更有深度的专业意见。但在实施时需要注意用户体验、隐私和安全等因素，确保虚拟数字人能够真正为企业创造价值。

任务七　客户服务与管理的数字化技术与工具

当今科技发展日新月异，大数据、人工智能、新媒体平台等技术与工具为企业实施客户服务与管理提供了强大的技术支持，有效提高了企业客户服务与管理的工作效率和质量。

一、大数据技术

大数据是指无法在一定时间范围内用常规软件工具进行捕捉、管理和处理的数据集合。大数据具有数据量大、类型多样、价值密度低和时效性四个特点。

如果把大数据比作一种产业，那么这种产业实现盈利的关键在于增强对数据的加工能力，并且通过加工实现数据的增值。特别是有价值的数据，企业应当提高安全意识，避免商业数据泄露。在客户服务管理中，大数据技术的应用主要体现以下四个方面。

1. 形成客户画像

企业可以运用数据挖掘技术，从各类数据库中收集客户信息，形成客户画像。

2. 实施精准营销

企业通过构建和分析客户画像，能够深入了解客户，推测客户的消费偏好，从而对客户实施精准营销，向客户推送符合他们兴趣和爱好的营销信息、产品信息、服务信息等，最大限度地挖掘市场机会。

3. 实施客户生命周期管理

企业通过大数据分析，能够掌握客户生命周期不同阶段的变化，可以针对不同的阶段实施不同的客户服务策略。

4. 实施客户服务与管理的半自动化

企业运用大数据技术搭建客户数据库，为客户提供数据自动化，使客户享受到快捷、周到的服务。

如大家熟悉的聊天机器人，它在客户服务中发挥了重要的作用，它可以对客户提出的问题进行自动回复，有效提高了客户服务的效率，让客户享受到更加便捷的服务。

二、人工智能技术

人工智能是研究开发用于模拟、延伸和扩展人的智能理论、方法、技术及应用系统的一门新的技术学科。

不同客户对人工智能服务的看法和接受度不同，有的客户对人工智能青睐有加，有的客户则避而远之。所以企业在为客户提供人工智能服务时，应该注意以下问题。

1. 为客户带来更好的服务体验

企业提供人工智能服务为客户带来的价值体验应高于传统服务，否则客户还是偏好传统的服务方式。如北京大兴国际机场提供的基于人脸识别技术的全流程刷脸登机解决方案，覆盖了机场90%以上的人脸识别应用节点，贯穿值机航班信息、实施查询、自助行李托运、机场旅客服务全流程，人工智能服务在机场的运用获得客户极大的赞赏，为客户节省了时间，给客户带来了极大的便利。

2. 为客户提供培训

企业可以为客户提供如何使用人工客服方面的培训，如企业对客户进行人工智能设备操作培训，使他们能够熟练掌握人工智能设备的操作方法，这样不仅能使客户具备独立的操作能力，提高客户在享受人工智能服务过程中的自主性，还能增进企业与客户之间情感联系，有利于企业树立良好的口碑。

3. 适当鼓励客户参与

企业可以鼓励和引导客户接受人工智能提供的服务，对于自助系统能够解决的问题，企业要鼓励客户尽量使用自助系统完成操作，并且给予使用人工智能服务的客户适当的奖励和回报。

三、新媒体平台

微信和微博是企业比较常见的开展客户服务与管理的新媒体平台。

对企业来说，微信是一个具有强大联系功能的平台，可以为客户贴标签，如某个客户的标签是重点客户、男性、长沙等。

为客户贴上标签后，企业可以针对客户实施精准营销和管理。同时，微信群可以将同类型客户聚集在一起，让他们在特定的活跃周期内进行快速的交流。很多企业会将微信群作为开展客户服务与管理的辅助工具。

微博是一个互动性强、信息传播速度快的平台。企业可以利用微博收集客户信息，了解他们的属性、偏好等。也可以利用微博开展客户营销，在微博上发布营销类的博文，宣传企业产品和品牌文化，加深客户对企业的了解，提升企业的知名度。

案例分析

案例一：某电商平台的客户细分与精准营销

某大型电商平台利用大数据分析技术，对海量客户数据进行深度挖掘。通过分析客户的购买记录、浏览行为、搜索关键词等信息，平台成功将客户细分为多个群体，如高消费客户、价格敏感型客户、品牌忠诚客户等。基于这些细分，平台为不同群体推送了个性化的产品推荐、优惠活动等，实现了精准营销。

通过这种方式，该平台不仅提高了销售额和客户转化率，还提升了客户满意度。例如，价格敏感型客户可以收到更多的折扣信息，而品牌忠诚客户则可以获得独家定制的产品和服务。

案例二：某银行的风险管理与客户挽留

某银行利用大数据分析技术，对客户的信用记录、交易历史、投诉反馈等数据进行全面分析。通过分析，银行能够准确预测客户的流失风险，并提前采取措施进行干预。

对于高流失风险的客户，银行会主动与其联系，了解原因并提供个性化的解决方案。例如，针对因服务不满意而可能流失的客户，银行会提供额外的优惠或改进服务流程；对于因经济压力而可能流失的客户，银行会提供灵活的还款计划或贷款延期服务。

通过这种方式，该银行成功降低了客户流失率，并提高了客户满意度和忠诚度。

案例三：某零售企业的客户行为分析与优化购物体验

某零售企业利用大数据分析技术，对客户的购物行为、偏好、反馈等数据进行深度分析。通过分析，企业发现客户在购物过程中存在的一些问题和痛点，如缺货、结账等待时间过长等。

针对这些问题，企业采取了一系列优化措施。例如，通过智能库存管理系统，企业能够实时了解库存情况并及时补货；通过引入自助结账系统，企业减少了客户结账的等待时间。

此外，企业还利用大数据分析技术，对客户的购物路径和偏好进行分析，为店铺的布局和商品陈列提供了有力的数据支持。

通过这些优化措施，该零售企业不仅提高了客户的购物体验，还增加了销售额和客户满意度。

大数据分析技术在客户关系管理中具有广泛的应用前景和巨大的商业价值。通过深度挖掘和分析客户数据，企业能够更加准确地了解客户的需求和偏好，制定更加精准的营销策略和服务方案，从而提升客户满意度和忠诚度。同时，大数据分析还能够帮助企业及时发现和解决问题，降低风险并提高运营效率。

任务	案例启示		
分析案例一			
分析案例二			
分析案例三			
学生姓名		指导教师	

活页笔记

1. 谈一谈物流客户信息与其他企业客户信息相比，具有怎样的特点？

2. 作为客户联络企业的窗口，呼叫中心在物流客户关系管理中扮演了怎样的角色？呼叫中心能够在哪些方面提升客户的满意度？

3. 随着技术的发展，物流行业中的客户服务与管理正在经历哪些数字化变革？

问题	解答		
1			
2			
3			
本项目的收获体会与建议			
学生姓名		指导教师	

项目七　物流大客户管理与服务实施

认知目标

➢ 理解物流客户等级划分的标准与方法，认识到客户等级划分对于提高客户管理效率的重要性。

➢ 掌握物流大客户管理的核心要素，了解大客户对企业发展的重要性。

➢ 理解物流重点客户个性化服务策略的概念，认识到个性化服务对于提升客户满意度和忠诚度的作用。

➢ 认知物流客户服务部门的角色与重要性，明确其在企业运营和客户管理中的定位和作用。

➢ 了解特殊情况下物流客户接待的要求和标准，意识到在不同场景下提供优质服务的必要性。

能力目标

➢ 能够根据物流客户等级划分的标准与方法，合理划分物流客户的等级。

➢ 学会识别、维护和发展物流大客户，掌握大客户管理的核心技能和方法。

➢ 能够针对不同类型的重点客户，制定并实施独特的个性化服务方案，提升客户满意度和忠诚度。

➢ 掌握物流客户拜访的基本礼仪和接待流程，确保客户接待过程中的专业性和规范性。

➢ 能够在特殊情况下灵活应对物流客户接待的要求，提高服务质量，展现企业的专业形象。

思政目标

➢ 培养团队精神和协作意识，认识到在物流客户服务与管理中团队协作的重要性。

➢ 提高专业素养，不断提升自己的业务能力和服务水平，以满足客户不断变化的需求。

➢ 培养尊重他人的态度，在与客户交往的过程中始终保持礼貌和尊重，建立良好的客户关系。

➢ 强调客户至上的服务理念，始终将客户需求和满意度放在首位，为客户提供优质的服务体验。

任务一　物流客户等级的划分

一、为什么要对客户进行分级

1. 不同的客户带来的价值不同

经验表明，每个客户能给企业创造的收益是不同的。例如，国外的一份统计资料显示，23%的成年男性消费了啤酒总量的81%，16%的家庭消费了蛋糕总量的62%，17%的家庭购买了79%的速溶咖啡。所以能够看到，并不是绝大多数的客户消费了绝大多数的产品。

社会经济的80%实际上是由社会中20%的人贡献的，而剩下80%的人贡献值只有20%。这个规律一直沿用至今，而且在生活中无处不在，后来被人们称为二八法则。

企业中，二八法则的规律也体现在客户关系管理上。企业从10%最重要的客户那里获得的利润，往往比企业从10%次要客户那里获得的利润多5~10倍，甚至更多。所以说，客户有大小，贡献有差异。因此，很多企业都根据这个规律对客户进行分类。

2. 企业必须根据客户的不同价值分配不同的资源

尽管每个客户的重要性都不容低估，但是由于不同的客户实际为企业创造的价值不同，而企业的资源又有限，因此把企业资源平均分配到每个客户上的做法既不经济也不切合实际，企业没有必要为所有的客户提供同样卓越的产品或服务，否则会造成企业资源的浪费。

“非重要客户”享受“重要客户”的待遇，“非重要客户”自然没有意见，但“重要客户”会心理不平衡，轻则满腹牢骚，重则考虑更换其他产品，如果此时竞争对手乘虚而入，为这些最能使企业盈利的客户提供更多的优惠，就可以轻而易举将他们“挖”走。

3. 不同价值的客户有不同的需求，企业应该分别满足

如企业能区分出这部分利润贡献大的客户，并为其提供针对性服务，他们就可以

成为忠诚客户，能持续不断地为企业创造更多的利润。

4. 客户分级是有效进行客户沟通、实现客户满意的前提

有效的客户沟通应当根据不同的客户，采取不同的沟通策略。因此，区分不同客户的重要性和价值是有效进行客户沟通的前提。

因为不同客户的满意标准不同，所以实现客户满意也要根据客户的不同采取不同的策略。

总之，对客户实行分级管理是有效管理客户关系的前提，也是提高客户关系管理效率的关键，更是对客户实施有效激励的基础。

二、如何分级

企业可以根据客户给企业创造的利润和价值，按由小到大的顺序将客户“垒”起来，就可以得到一个客户金字塔模型。给企业创造利润和价值最大的客户位于客户金字塔模型的顶部，给企业创造利润和价值最小的客户位于客户金字塔模型的底部。

将客户金字塔模型进行四层级划分，从上到下分别是：重要客户、主要客户、普通客户和小客户，如图 7-1 所示。

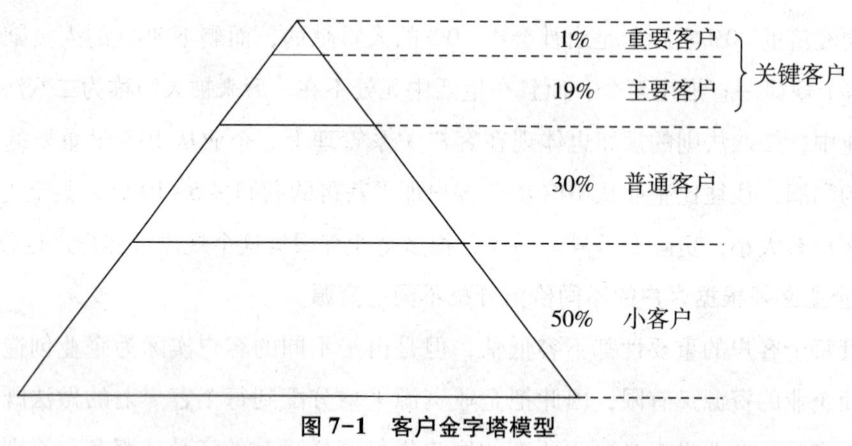

图 7-1　客户金字塔模型

图 7-1 中重要客户和主要客户构成了企业的关键客户，他们是企业的核心客户，一般占企业客户总数的 20%，企业 80%的利润靠他们来贡献，是企业的重点维系对象。

普通客户是客户金字塔模型中处在第三层的客户，是除重要客户与主要客户外，为企业创造最大价值的前 50%的客户，一般占客户总数的 30%。普通客户包含的客户数量较大，但他们的购买力和忠诚度带来的价值远比不上重要客户与主要客户，企业不必花费太多资源在他们身上。

小客户是客户金字塔模型中最底层的客户，是对企业利润贡献最小的50%的客户。小客户包含利润低的“小客户”，也包含信用低的“劣质客户”。这类客户通常是最没有吸引力的一类客户，购买量不多，忠诚度也很低，偶尔购买，却总是延期支付款项，甚至不付款。他们还会提出苛刻的服务要求，几乎不能给企业带来盈利，却又消耗企业的资源，有时他们是“问题”客户，会向他人抱怨，破坏企业的形象。

图7-2为客户数量和客户利润金字塔对应关系。

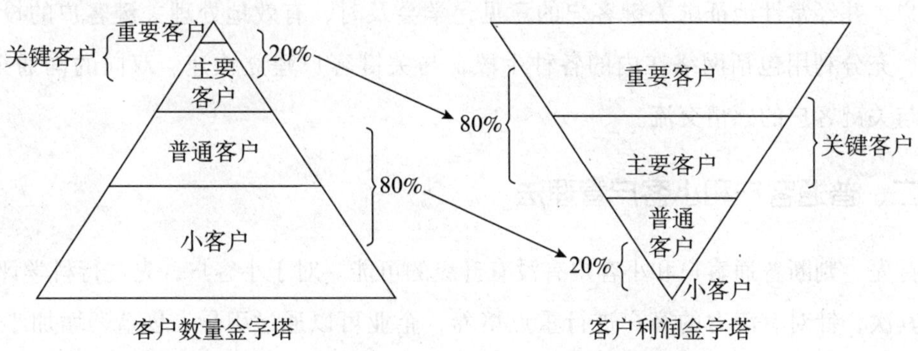

图7-2 客户数量和客户利润金字塔对应关系

图7-2展现了客户类型和数量分布与创造利润能力之间的关系，两个金字塔刚好相反。

以上这种划分客户等级的方法称为客户金字塔划分法。这种划分方法包含着一种重要思想：企业应为对本企业的利润贡献最大的关键客户，尤其是重要客户提供最优质的服务，配置最强大的资源，并加强维系与这类客户的关系，从而使企业的盈利能力最大化。

任务二 物流大客户管理

一、关键客户管理法

关键客户是创造企业80%利润的这部分客户，所以维持与关键客户的关系才能保证企业持续发展，对企业来说，对关键客户的管理也是对未来业务的一种投资。

目前，企业对关键客户管理的目标主要是提高关键客户的忠诚度，并且在“保持关系”的基础上提高关键客户给企业带来的价值。为此，要做好以下三个方面的工作。

①成立为关键客户服务的专门机构。该机构负责联系关键客户，为企业高层提供准确的关键客户信息，并且利用客户数据库分析每位关键客户的交易历史，注意了解关键客户的需求和采购情况。关注关键客户的动态，强化对关键客户的跟踪管理，并

且注意竞争对手的策略和行动。

②集中优势资源服务于关键客户。根据客户金字塔模型，企业要将资源放在刀刃上，所以要为20%的客户花费80%的努力，要准确预测关键客户的需求，把服务做到前面，领先一步提供能为其带来最大效益的全套方案。此外，还要增加关键客户的财务利益，并创建VIP客户服务通道。

③通过沟通和感情交流，密切关注双方的关系。企业要有目的、有计划地拜访关键客户，并经常性地征求关键客户的意见，学会及时、有效地处理关键客户的投诉或抱怨。充分利用包括网络在内的各种手段，与关键客户建立快速、双向的沟通渠道，增进与关键客户的感情交流。

二、普通客户和小客户管理法

首先，判断普通客户和小客户有没有升级的可能。对于小客户，先进行科学评判。

其次，针对有潜力的客户进行重点培养，企业可以通过引导、创造、增加小客户需求的方式，提高他们的贡献率。给有升级潜力的客户更多关心和照顾，帮助其成长，挖掘其升级的潜力。

最后，针对无潜力客户，可采取以下两种方式。

①提高服务价格，例如，向以前免费的服务收费，提高无利润产品或服务的价格，或者取消无利润的产品或服务，向小客户推销高利润的产品。

②降低交易成本，例如，适当限制为小客户提供的服务内容和范围，压缩、减少为小客户服务的时间，运用更经济的方式提供服务。

对于劣质客户，坚决淘汰。实践证明，并非目前所有的客户关系都值得保留，劣质客户吞噬、蚕食着企业的利润，与其让他们消耗企业的利润，还不如及早终止与他们的关系。同时，企业对于赖账的客户，应“先礼后兵”动员各种力量对其施加压力，若效果不明显，要“还以颜色”直至“对簿公堂”，决不手软。

任务三　物流重点客户个性化服务

一、什么是个性化服务

个性化服务是一种有针对性的服务方式，根据用户的设定来实现，依据各种渠道对资源进行收集、整理和分类，向用户提供和推荐相关信息，以满足用户的需求。

在网络环境下，个性化服务是一种网络信息服务的方式，这种服务方式的实现主要是根据用户的设定，借助计算机及网络技术，对信息资源进行收集、整理、分类、分析，向用户提供和推荐相关信息，以满足用户对信息的需求。

个性化服务打破了传统的被动服务模式，能够充分利用网络资源的优势和各种软件的支持，主动开展以满足用户个性化需求为目的的全方位的服务。

二、物流企业重点客户个性化管理的意义

1. 需求个性化决定服务的个性化

现代物流的个性化服务是一种趋势，是现代物流业营销观念逐步走向成熟的必然结果。传统的运输服务在具体运行时往往受到观念、体制和模式上的种种局限，不可能将个性化服务做得十分到位。那是一种以满足大众需求为前提的服务。

而现代物流则要求纵深渗透，与客户自身的运行融为一体，这就必须以客户具体要求作为提供服务的基本前提，也就是以需求的个性化来决定服务的个性化。

2. 与客户亲密结盟

在现代物流服务过程中，物流服务的提供者与客户之间显然是一个利益共同体，物流运作带来的利润应当是客户经济效益的一部分。所以物流企业与客户是一种互融的关系，而不仅是叠加的关系，这是个性化服务最重要的本质特征。也就是现在我们经常提到的一个词——互利共赢。

3. 个性化服务模式的可变性和程序性

现代物流的个性化特点就是由静态变成动态，由等候反馈到积极追踪。不妨设想一下，产品市场的变化吞灭了订单的变化，订单的变化带来了流水线节奏的变化，而流水线节奏的变化必然会带来物流运作上的变化。

所以，现代物流的服务模式必须具备一种极好的应变性能，以适应多种突如其来的变化。正是这种良好的应变性，才使物流的个性化服务有了实际意义。

4. 个性化服务与行业特色

物流企业在提供个性化服务的同时，还需要注意个性化与行业特色兼顾，与企业客户真正实现互相渗透、互相融合。

三、物流企业个性化服务的策略

1. 与客户结盟

企业需要把市场细分和微型化，甚至把单个客户作为一个市场。过去“自己生产什

么，客户就买什么”的观念需要改变，应该调整为“客户需要什么，我就生产什么”。

2. 供应链管理

供应链管理是建立在合作信任基础之上的，通过供应链管理，可以使整体物流效率得到提高，从而为客户提供更具有价值的服务。

3. 以“网”取胜

网络的出现，是个性化服务产生的基础，以我国一家小型量子循环公司为例，该公司通过个性化服务在“巨人”的阴影下创造了一个特殊需求市场。

传统产业也同样如此，A 公司已经利用它现有的电子数据交换系统与第一层供应商进行了顺利的沟通。同时，与第二层供应商的交流也加快了速度。其油漆制造商利用基于互联网的供应链得到了相关信息，该制造商与 A 公司供应链中的其他公司一样生产多种颜色的油漆，故 A 公司产品的生产不会由于合适的油漆颜色短缺而推迟。

所以，互联网为全球企业供应链提高运作效率、扩大商业机会和加强企业间协作提供了更加强大的手段——电子商务平台。

企业如果可以很好地规划运作内部资源，并整合所具有的外部资源，如供应商、代理商、承运商等，必将提高其生产、采购及交货计划的准确性，从而能在快速应对市场的同时，提高对客户销售及服务承诺的准确性与实时性。

任务四　物流客户服务部门认知

一、物流企业组织结构

组织结构是指企业全体员工为实现企业目标，为完成主营业务而进行的分工协作，在职务范围、责任、权力方面所形成的结构体系。

物流客户服务活动渗透到企业的各个职能部门，要提高物流企业的服务绩效水平，就必须把物流客户服务活动的任务、责任、权力和利益在企业内部进行有效的组合和协调。这是物流组织设计要解决的问题。

图 7-3 是一个包含了客户服务部的物流企业组织结构。

整个组织结构包括三个层次，分别是决策层、管理层、操作层。

其中决策层包括董事会、总经理、副总经理，大约为全体员工的 10%。

管理层主要包括各职能部门的经理（如运营部经理、市场部经理），约占全体员工的 20%。

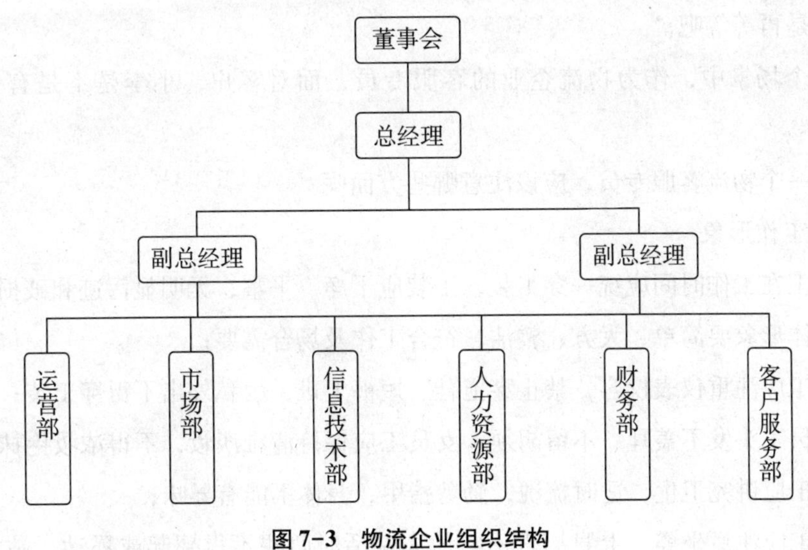

图 7-3　物流企业组织结构

操作层包括各职能部门内的员工，如理货员、订单处理员、搬运工、仓库管理员、业务员、IT 技术员、会计、出纳、客户专员等，占全体员工的 70%左右。

二、物流客户服务部门

1. 岗位分布

客户服务部是从物流企业的市场部门中分化出来，专门从事客户服务的部门，它并不是完成客户服务活动的主要部门，但却是支持和善后的部门，能使客户服务水平更好地被保证。

客户服务部门的职能包括：客户档案管理及客户回访、沟通、维护，客户投诉处理，培训、激励、评价和考核客服专员，监督运营指标的执行情况并提出改进建议，交易前、中、后期的订单处理、查询、追踪等服务，客户二次开发，大客户支持和管理等。

2. 物流客户服务岗位的操作规范

模拟情景：小张是某物流公司前台的接待人员，形象好，她喜欢个性的穿着，经常变换发型，她认为作为公司的门面，这是很必要的。小李是某国际物流公司的客服专员，最近是运输旺季，班轮和航班常常爆仓，客户怨声载道，她一上午连续接听了五个客户的电话，有的训斥道“你到底能不能处理啊，你们公司没人了吗”，还有的抱怨“昨天你就让我等，说今天可以装运，可今天还不能，你简直是个骗子”，小李觉得非常委屈，她说：“您跟我说也没用，我们操作部门就是这样答复的，我有什么办法，您还是再等等吧。”

在这个场景中，作为物流企业的客服专员，面对客户，小李是不是有失误的地方呢？

作为一个物流客服专员，应该注意哪些方面呢？

（1）工作形象

①员工在工作时间应统一穿工装，工装应干净、平整，无明显污迹和破损；

②整体形象要简单、大方、整洁，符合工作及场合需要；

③员工应注重仪表仪容，禁止穿拖鞋、短裤上班，因私外出不得穿工装；

④男员工头发不盖耳、不留胡须；女员工应保持清雅淡妆，不得浓妆艳抹；

⑤员工应讲究卫生，适时梳洗，勤剪指甲，身体不能有异味；

⑥员工应注意坐姿，上身挺直，与他人说话时两腿不得翘起或晃动，站立时应挺胸、收腹，不得叉腰、抱肩，不得依靠他物。

（2）工作态度

①微笑服务：让客户感受我们的微笑，让我们的服务给客户以愉悦的心情；

②客户平等：无论客户大小，用同样的热情，给客户以满意的服务；

③客户至上：客户是我们的朋友，真诚地为客户解决服务中出现的问题；

④换位思考：学会站在客户的角度考虑问题，感同客户的体会，以提高服务质量；

⑤重视细节：细节决定成败，洞察客户关注的细节，以提升客户满意度。

（3）工作技能

①拥有全面的业务知识并不断学习；

②具备较强的沟通能力、应变能力、服务意识和营销意识；

③拥有一套客户档案并及时更新；

④了解客户的真正需求并提供指导性建议；

⑤除专业知识外，还要具有承受压力、控制情绪、支持满负荷情感付出的能力。

任务五　物流客户拜访礼仪

一、电话拜访礼仪

1. 接听电话的礼仪

接听电话时，要注意以下几个规范要点。

①迅速接听：电话铃响三声之内接听电话；

②问候、报名；

③认真聆听：忌吃东西、忌同时和他人讲话、忌不耐烦；

④应答、互动；

⑤认真记录；

⑥礼貌地结束通话：由打电话者先放电话或长者先放电话。

其中，在记录的过程中，要记录以下要点：何时、何人、何地、何事以及为什么，如何进行。

2. 拨打电话的礼仪

拨打电话时，要注意以下几个规范要点。

①选择恰当的时间拨打电话；

②做好打电话前的准备工作；

③问候、确定对方的身份或名称，然后自报家门，再告知自己要找的通话对象并陈述相关事宜；

④简洁明了；

⑤礼貌地结束通话；

⑥拨错电话要道歉。

二、上门拜访礼仪

所有拜访客户的方式中，上门拜访是最重要也是最有效的，是给双方留下深刻印象的关键环节。上门拜访要注意以下几点。

1. 先约后访

不论因公还是因私而访，都要事先与被访者进行电话联系，询问被访者是否在单位，是否有时间或何时有时间。电话中要提出拜访的缘由，使对方有所准备，在对方同意的情况下定下具体的时间、地点。注意避开吃饭和休息的时间。

2. 准时赴约

一旦确定时间，务必准时赴约，如果因故不能准时抵达，一定要及时通知对方，而且要立即向对方道歉。

3. 先声后入

讲究敲门的技巧，力度适中，间隔有序地敲三下，等待回音，如无应声，可以稍加力度，再敲三下。切忌不停地敲门。

4. 先招呼后就座

注意自己的言行举止，进门先打招呼，然后再入座，拜访时，要注意时间，适时告辞。

三、握手礼仪

1. 握手的作用

①能体现交往双方对对方的态度；

②能体现人们的礼仪修养；

③能促进人们的交往。

2. 握手的规范

①握手的时机，可以在以下场景中出现：问候时、道歉时、感谢时；祝贺时、慰问时、重逢时；欢迎时、安慰时、庆祝时。

②握手的姿势：在握手时，要以标准站姿站立，上体略前倾，右手手臂前伸，肘关节屈曲，拇指张开，四指并拢。

③握手的顺序：握手的顺序非常重要，总体来说要注意尊者为先，具体表现为主人与客人之间，客人抵达时主人应先伸手，客人告辞时由客人先伸手，年长者与年轻者之间，年长者应先伸手，身份、职位不同者之间，应由职位高者先伸手，女士和男士之间，应由女士先伸手。

④握手的时间：握手的时间一般控制在1~3秒。

⑤目光和表情：始终要注视对方的眼睛，并且保持自然的微笑，当然如果对方心情沉痛时，表情也要凝重。

⑥握手的禁忌：忌用左手握手、忌坐着握手、忌戴手套握手、忌手脏握手、忌交叉握手、忌与异性握手用双手。

四、名片礼仪

1. 名片分类

（1）应酬式名片：上面只有姓名；

（2）社交式名片：上面有姓名和联络方式；

（3）公务式名片：上面有单位、姓名、职务、联络方式、单位地址；

（4）单位式名片：上面有单位全称及其标志、单位联络方式。

2. 名片的用途

名片广泛应用于各种社交场合，用途广泛，主要包括自我介绍、结交朋友、维持联系、业务介绍、拜会他人等。

3. 递送名片的礼节

在递送名片时，要注意以下几点：

①存放。放在安全，不易弄皱的地方。

②姿势。一般以标准站姿站立，双手递送。

③手拿名片的位置。要用双手的大拇指和食指拿住名片上端的两个角，名片的正面朝向对方。

④语言。比较常见的寒暄语包括“初次见面，请多多关照”“非常高兴认识您”等。

⑤先后顺序。由长而幼或者由近而远的顺序，依次递送。

4. 接受名片的礼仪

姿势方面要求标准站姿，常见的寒暄语包括“谢谢”“非常高兴认识您”等。

任务六　物流客户接待礼仪

一、行进中的位次礼仪

1. 常规场合

常规场合下，与客人并排行进时，应遵循中央高于两侧，内侧高于外侧的原则。与客人单行行进时，应遵循前方高于后方的原则。

2. 上下楼梯

上下楼梯时要单行行进，如果是螺旋梯，则应该让客人走内侧。此外还要注意男女同行时，一般女士优先走在前方。但如遇到着短裙的女士，上下楼梯时宜让女士居后。

3. 出入电梯

（1）出入有人驾驶电梯的次序

应遵循职位低者后入后出的原则。若乘坐电梯的人员较多时，为防止阻挡他人，职位低者也可先出。通常情况下，进入有专人驾驶的升降式电梯间时，应由宾客或受尊敬者先进电梯，自己后进，而出电梯时，应让宾客或受尊重者先出电梯，自己后出。若乘坐的宾客较多时，则应后进先出。

（2）出入无人驾驶电梯的次序

为了宾客的安全和方便控制电梯，应遵循宾客先入后出的原则。因此，出入无人驾驶的电梯，上电梯时，自己应先入电梯，按住电梯按钮或扶住电梯门，让宾客后进，而出电梯时，应按住电梯按钮或扶住电梯门，让宾客先出，自己后出。

4. 出入房门

在出入房门时，一般宾客先出入，以示尊重。如有特殊情况时，比如需要引导、室内无灯或灯光昏暗，陪同人员要先进房间，为宾客开门、开灯，出房门时也是陪同人员先出去，为客人拉门导引。

二、乘坐交通工具礼仪

1. 乘坐轿车的位次排列

驾驶轿车的司机，一般是主人（轿车的拥有者）或者专职司机。

①国内目前所见的轿车多为双排座与三排座，由主人亲自驾驶轿车时，一般前排座为上，后排座为下，以右为尊，以左为卑。

②由专职司机驾驶轿车时，通常仍讲究右尊左卑，但座次同时变化为后排为上，前排为下。

③如陪同客人乘一辆轿车，主人应帮助客人上车，等客人坐好后，方可关门。最后自己从左侧后门上车。

④主人夫妇驾车时，则主人夫妇坐前排座，客人夫妇坐后排座，男士要服务于自己的夫人，宜开车门让夫人先上车，然后自己再上车。

⑤主人亲自驾车，坐客只有一人，应坐在主人旁边。若同坐多人，中途坐在前排座的客人下车后，坐在后排座的客人应改坐前排，此项礼节最易疏忽。

2. 需要强调的礼仪

①乘坐主人驾驶的轿车时，最重要的是不能令前排座空着。一定要有一个人坐在那里，以示相伴。

②由主人一人驾车送其友人夫妇回家时，友人之中的男士，一定要坐在副驾驶座位上，与主人相伴，而不宜与其夫人坐在后排，那是失礼的。

③若由专职司机驾驶车辆，即使为了让客人欣赏风景，也不要让客人坐在司机旁

的位置，尤其是接待我国港、澳、台地区和外国客人时更应注意这一点。否则，就会弄巧成拙。

三、谈判礼仪

谈判厅的布置及座位安排遵循以下原则。

1. 一般标准的谈判厅，谈判桌横放

谈判桌横放时，面向门的是客方，背对门的是主方。双方人员，一般居中的是主谈，就是第一谈手。主谈右侧是第二谈手，左侧是第三谈手，然后依次按右左交替排列。但如果是涉外谈判或者民族间谈判，主谈右侧一般是翻译。

2. 如果谈判桌是竖放的，比较特殊

谈判桌竖放时，以进门时候的右侧为上。因为人是走动的，门一推开，把右侧让给客人，自己去左侧。其他人员的具体位次与前者相似，同样是中央高于两侧，右侧高于左侧。

3. 多边会谈

多边会谈多使用圆桌，或是将桌椅摆成一个圆圈。四方会谈，以方桌为宜，以避免座次安排上主次把握不当而影响会谈的效果。

4. 小范围会谈

如为正式会谈做准备的预备性会谈，可以不用长桌，在会客室摆上沙发或圈椅，遵守“以右为尊”的原则，主左客右安排座位即可。

四、签字仪式位次礼仪

举行签字仪式，签字桌在签字厅横放，双方主签者面对房间正门就座，惯例为右高左低。面对房门右侧坐的是客方，左侧坐的是主方，以客为先。双方助签人，即帮助翻页、吸墨、拿笔、递送合同文本的人，站在各自主签者外侧。

其他参加仪式的人，有两个具体的排列方法。

①坐在各自主签者的对面。比如我是主方签字人，我方有关人员则坐在我的对面，你是客方，那么你方人员坐在你的对面。

②站在双方签字人的后侧。具体方式是内侧高于外侧，由高而低向两侧分列。比如我是主签人，我的后面站的是我方职位最高的人，然后按职位依次向外侧排开，你的后面站的是你方职位最高的人，然后按职位依次向外侧排开。

签字仪式一般分为两种，一种是双边签字仪式，还有一种是多边签字仪式，这两种签字仪式在礼仪上要求不同。

1. 双边签字仪式

双边签字仪式的位次排列礼仪有三个要求：

①签字桌横放；②双方签字者面门而坐，宾右，主左；③参加双边签字仪式的人员列队站于签字者之后，中央高于两侧，右侧高于左侧。

2. 多边签字仪式

多边签字仪式的位次排列礼仪也有三个要求：

①签字桌横放；

②签字座席面门而设，仅设一张；

③参加多边签字仪式的人员列队站于签字者之后，中央高于两侧，右侧高于左侧。

五、会客座次礼仪

商务场合里，经常需要会客，所以会客座次礼仪非常重要。下面介绍几种不同的会客座次。

1. 相对式

具体坐法是宾主双方面对面而坐。这种方式显得主次分明，适用于公务性会客。通常又分为以下两种情况。

①双方就座后，一方面对正门，另一方背对正门。此时讲究“面门为上”，面对正门之座应请客人就座，背对正门之座由主方人员就座。

②双方就座于室内两侧，并且面对面就座。此时讲究进门后“以右为上”，即进门后右侧之座应请客人就座，左侧之座由主方人员就座。

2. 并列式

并列式基本坐法是宾主双方并排就座以暗示双方平起平坐、关系密切，具体也分为两种情况。

①双方一同面门而坐。此时讲究“以右为上”，即主方人员要请客人坐在自己的右侧，其他人员可分别在主人或主宾的一侧，由高低依次就座。

②双方一同在室内的右侧或左侧就座。此时讲究“以远为上”，即距门较远之座位为上座，应当让给客人，距门较近之座位为下座，应留给主方人员。

3. 其他

①居中式：实为并列式排位的一种特例，当多人并排就座时，讲究“居中为

上”，即以居于中央的位置为上座，请客人就座，以其两侧的位置为下座，由主方人员就座。

②主席式：主要适用于正式场合，由主方人员一方同时会见两方或两方以上客人，一般应由主方人员面对正门而坐，其他各方来宾则应在其对面背门而坐。这种安排犹如主人正在主持会议，故称为主席式。

③自由式：会见时有关各方均不分主次、不讲位次，而是一律自由择座。自由式通常用在客人较多，座次无法排列，或者大家都是亲朋好友，没有必要排列座次时，进行多方会面时，常常采用此法。

六、会议座次礼仪

会议座次礼仪：以右为上，居中为上，前排为上，远门为上，面门为上。

其中，以右为上就是遵循国际惯例、居中为上就是中央高于两侧、前排为上适用所有场合、远门为上就是远离房门为上、面门为上就是良好视野为上。

会议一般根据规模可分为大型会议、小型会议，此外还有洽谈会、茶话会等。

1. 大型会议

大型会议应考虑主席台、主持人和发言人的位次。主席台的位次排列要遵循三点要求：①前排高于后排；②中央高于两侧；③右侧高于左侧。

主持人之位，可在前排正中，也可居于前排最右侧。发言席一般可设于主席台正前方，或者其右方。

2. 小型会议

举行小型会议时，位次排列需要注意两点：

①讲究面门为上，面对房间正门的位置一般被视为上座；

②小型会议通常只考虑主席之位，同时也强调自由择座。

例如，主席可以不设在右侧或者面门的位置，也可以坐在前排中央的位置，强调居中为上。

3. 洽谈会

举行双边洽谈时，应使用长桌或椭圆形桌，主宾应分坐在桌子两侧。桌子横放，以面对正门的一方为上，属于客方。桌子竖放，以进门时，右侧为上，属于客方。

在进行洽谈时，各方的主谈人员在自己一方居中而坐。其余人员则应遵循右高左低的原则，依照职位的高低自近而远地分别在主谈人员的两侧就座。

4. 茶话会

茶话会的座次排列方式主要有以下四种。

第一种，环绕式：不设立主席台，把座椅、沙发、茶几摆放在会场的四周，不明确座次的具体高低，与会者在入场后自由就座。这种安排座次的方式，与茶话会的主题最相符，也最流行。

第二种，散座式：散座式排位常见于在室外举行的茶话会。座椅、沙发、茶几自由组合，甚至可以根据个人要求随意安置。这样就容易创造出一种宽松、惬意的社交环境。

第三种，圆桌式：圆桌式排位是指在会场上摆放圆桌，请与会者在周围自由就座。圆桌式排位又分为以下两种形式。

①适合人数较少的，仅在会场中央摆放一张大的圆形会议桌，请全体与会者在圆桌周围就座。

②在会场上摆放数张圆桌，请与会者自由组合就座。

第四种，主席式：这种排位是指在会场上，主持人、主方人员和主宾被有意识地安排在一起就座。

案例分析

案例：迅达物流的客户“金字塔”

1. 背景介绍

迅达物流是一家提供综合性物流服务的企业，业务范围覆盖全国。随着市场竞争的加剧和客户需求的多样化，迅达物流意识到仅提供高质量的服务已无法满足所有客户的需求。为了更好地满足客户的不同需求，迅达物流决定利用 AI（人工智能）技术划分客户等级并制定相应的客户关系维护策略。

2. AI 技术应用于客户等级划分

①数据收集与处理。迅达物流首先收集了大量的客户数据，包括交易金额、合作时长、投诉次数、满意度等。然后，利用 AI 技术对数据进行清洗、整合和分析，确保数据的准确性和有效性。

②客户等级划分。基于处理后的数据，迅达物流采用机器学习算法对客户进行分类。通过聚类分析、决策树等方法，将客户划分为不同等级，如金牌客户、银牌客户、铜牌客户等，不同等级的客户享有不同的服务优先级和优惠政策。

3. 客户关系维护策略

①定制化服务。针对不同等级的客户，迅达物流提供定制化的服务方案。例如，金牌客户享有专属客户经理、优先配送、免费包装等特权；银牌客户可获得定期回访、优惠折扣等；铜牌客户则享有基础服务和常规优惠。

②个性化沟通。迅达物流利用 AI 技术分析客户的沟通习惯和偏好，通过电子邮件、短信、电话等方式与客户保持联系。针对不同等级的客户，沟通频率和内容也有所调整，确保信息传递的及时性和有效性。

③客户满意度监测与改进。迅达物流通过 IA 技术实时满监测客户意度，及时发现潜在问题并采取改进措施。针对不同等级的客户，迅达物流设定了不同的满意度目标，以确保客户满意度不断提升。

4. 成效与展望

通过应用 AI 技术进行客户等级划分和客户关系维护，迅达物流取得了显著的成效。一方面，客户满意度得到了大幅提升，不同等级的客户均能感受到企业对其的重视和关怀；另一方面，企业的业务增长迅速，市场份额逐步扩大。

展望未来，迅达物流将继续深化 AI 技术的应用，优化客户等级划分和客户关系维护策略。同时，迅达物流还将关注新兴技术和市场趋势，积极拓展新的业务领域，为客户提供更加全面、高效、智能的物流服务。

任务	案例启示		
分析案例			
学生姓名		指导教师	

活页笔记

1. 根据本章案例分析的内容谈一谈针不同等级的客户，迅达物流是如何进行管理的？

2. 在个性化沟通过程中，迅达物流如何确保沟通的有效性和客户的参与度？

3. 请结合所学知识，讨论如何持续改进客户满意度，并且应该怎样应对客户期望的不断变化？

4. 结合物流企业实际，浅谈在拜访和接待客户中应注意的礼仪。

<table>
<tr><td>问题</td><td colspan="3">解答</td></tr>
<tr><td>1</td><td colspan="3"></td></tr>
<tr><td>2</td><td colspan="3"></td></tr>
<tr><td>3</td><td colspan="3"></td></tr>
<tr><td>4</td><td colspan="3"></td></tr>
<tr><td>本项目的收获体会与建议</td><td colspan="3"></td></tr>
<tr><td>学生姓名</td><td></td><td>指导教师</td><td></td></tr>
</table>

项目八　物流客户服务管理的应用

知识目标

➢ 理解并掌握物流客户服务质量的核心要素及基本内容。

➢ 熟悉并掌握物流客户服务质量管理的基本程序，了解各程序包含的具体内容。

能力目标

➢ 掌握物流客户服务绩效评价的指标要素和标准，能够客观地评估服务效果并提出改进措施。

➢ 识别并理解客户需求，根据需求调查研究方法学习如何有效管理和满足客户需求。

➢ 熟悉订单受理流程，能够高效、准确地处理物流订单。

➢ 掌握数据分析工具，学习如何收集、整理和分析客户数据。

➢ 理解物流客户资信管理，掌握资信调查方法，能够准确评估客户资信。

思政目标

➢ 树立正确的价值观和责任感。

➢ 培养良好的法治意识和职业道德。

任务一　物流客户服务质量概述

物流客户服务质量管理是物流企业开展客户服务的一个必备的组成部分，质量始终是企业生存和发展的根本。

一、质量是企业生存和发展的根本

对物流企业来说，构筑完善的物流服务质量管理体系，保证和控制物流服务全过程的质量，提供让客户满意的服务，是取得竞争优势的保障。企业发现问题，找出差距并提高物流服务的效率对企业的生存有着重要的意义。

物流服务指的是物流渠道中的专业化物流中间人，以签订合同的方式在一定时间内为其他公司提供的所有或某些方面的物流业务服务。物流客户服务作为一种无形的特殊产品，其生存过程有客户的直接参与。

现代物流管理实质上就是以客户满意为基础，向物流需求方和客户有效地、迅速地提供产品。因此，在企业经营战略中，首先要确定客户服务的目标，使服务实现差别化战略。

开展物流客户服务的基本平台，可从四个方面入手：可得性、作业绩效、故障与恢复、可靠性。

1. 可得性

从以下三个方面考虑可得性：缺货频率、供应比率和订货完成率。

①缺货频率是指缺货发生的概率。该指标表示一种产品可否按需要装运并按时交付给客户。当需求超过可得性时就会发生缺货。缺货频率衡量需求超过可得性的概率。

②供应比率衡量缺货的程度或影响的大小。一种产品的缺货并不意味着客户需求得不到满足，在判断缺货是否影响服务绩效以前，先要清楚客户的真实需求。

③订货完成率体现的是缺货数量，而不是概率。它是衡量公司按客户订单完整出货次数的指标。这一比率要求产品必须完整无损地送达客户达到零缺陷，因此是一种最严格的衡量指标。例如，当对存货可得性产生要求时，该存货能交付的单位百分数就是订单完成率。

2. 作业绩效

作业绩效可以通过速度、一致性、灵活性等方面衡量。

3. 故障与恢复

不管供应商作业多么完美，故障总会发生，而在发生故障的作业条件下继续实现服务需求往往变得十分困难。所以供应商要有能力预测服务过程中可能发生的故障或服务中断，并有适当的应急计划来完成恢复任务，使物流过程保持完整性和持续性。

4. 可靠性

物流活动中最基本的质量问题是如何实现已计划的存货的可得性及作业完成能力，

供应商提供精确信息的能力是衡量其客户服务能力最重要的一个指标。

二、物流客户服务质量标准的内容

当前，物流客户服务质量标准的内容主要有以下两个方面。

1. 技术质量

技术质量主要是为了满足客户的主要需要，是客观存在的。通常客户在选购商品或服务时，主要的判断标准就是技术质量能否满足自身的需求。

2. 功能质量

功能质量主要是为了满足客户的非主要需要。通常以客户的主观感受认知，客户觉得好就是好，觉得不好就是不好，没有统一的评判标准，完全通过客户自身的认知来评判。

当然，客户最终评价物流客户服务的质量，还是要根据客户所获得的物流客户服务效果和所经历的服务感受，两者综合在一起才能形成完整的感受。

任务二　物流客户服务质量管理的基本程序

一、构建物流客户服务质量体系

物流客户服务质量体系，就是为实施物流服务质量管理所需要的组织结构、程序、过程和资源。

按照全面质量管理的思想，物流服务质量管理体系应当具备以下要素：质量方针与目标、组织结构、程序文件、控制过程、资源要素等。

1. 质量方针与目标

明确物流服务的质量方针，质量方针反映了组织在质量管理方面的总体方向和长期承诺。制定具体的、可衡量的质量目标，确保物流服务的各个方面都能得到持续改进和提升。

2. 组织结构

组织结构是组织为行使质量管理职能的一个组织管理的框架，其重点是将组织的质量方针和目标层层展开成多级职能，再转化分解到各级、各类人员的质量职责和权限，明确其相互关系。

3. 程序文件

程序文件是指对于服务质量体系，所有程序最终必须形成程序文件，使之有章可循、有法可依。

程序文件是质量体系可操作的具体体现，是质量体系得以有效运行的可靠保证。程序文件没有固定的格式，形成文件的程序应根据服务企业的规范、活动的具体性质、服务质量体系的结构而采用不同的形式。

4. 控制过程

控制过程就是要使执行情况与预期目标保持一致，确保预期目标实现的过程。

设计的服务质量及其标准要通过测评和监控来确保实施情况和标准相符合，当测评结果超出允许范围时，应分析原因并及时采取纠正措施。

5. 资源要素

资源要素就是指构成物流服务质量管理体系的资源，包括信息资源、人力资源和物质资源三部分。

信息资源是服务体系构建的重要基础和支持，对信息系统的投资，就像对其他物质资源的投资一样，目的都是提高和加强服务企业的竞争优势。

人力资源的重要性现在也越来越多被企业认可，人的因素对实施有效的质量管理具有决定性作用。

物质资源主要包括基础设施以及设备建设所需投入的大量资金。

二、对物流客户服务的市场调研进行质量管理

进行市场调研主要包括以下内容：

①确认和测量各种现存的和潜在的市场资源；

②分析各种市场的特征，包括客户对各种服务的需求、各种服务的功能分析，理想服务的特征和竞争状况、市场占有率、市场装备、竞争趋势等内容；

③预测各种市场，包括成长或衰退的基本动力、客户的趋势与变化、新竞争性服务业的类型、环境变化（社会、经济、科技、政治）等内容；

④确认、衡量以及分析新的市场研发项目。

质量管理的具体内容包括：管理指标、管理标准、管理方法、绩效分析。

(1) 管理指标

管理指标是用于衡量市场研发项目在各个方面表现的具体量化标准。具体指标包括以下 4 个。

市场调研效率：通过调研周期、调研问卷回收率等来衡量市场调研的速度和有

效性。

客户需求识别：通过调研结果中客户需求的准确性和完整性来衡量对市场的理解程度。

数据准确性：确保收集的市场数据和信息准确无误，减少误差和偏差。

创新性评估：针对市场研发项目中的新产品、新服务或新模式，评估其创新性和市场潜力。

（2）管理标准

管理标准是确保市场研发项目按照既定规则和规范进行的指导原则。具体标准包括以下 4 个。

数据收集标准：规定数据采集的方式、范围、频率等，确保数据的一致性和可比性。

分析方法标准：明确数据分析的方法、模型和工具，确保分析结果的可靠性和有效性。

沟通协作标准：规范团队成员之间的沟通协作方式，确保项目信息的畅通和高效执行。

风险管理标准：建立风险管理机制，识别、评估和控制市场研发项目中的风险。

（3）管理方法

管理方法是实现市场研发项目管理目标和提高项目质量的具体手段。具体方法包括以下 4 个。

需求分析方法：如 SWOT 分析、KANO 模型等，用于深入挖掘客户需求和市场趋势。

数据收集方法：如问卷调查、访谈、观察法等，用于收集全面、准确的市场信息。

项目管理方法：如敏捷开发、精益创业等，用于优化项目管理流程和提高项目效率。

持续改进方法：如 PDCA 循环、六西格玛等，用于不断改进市场调研和研发过程。

（4）绩效分析

绩效分析是评估市场研发项目执行过程和结果的重要手段。具体绩效分析包括以下 4 个。

项目成果评估：评估市场研发项目是否达到了预期的目标和效果，如新产品的市场接受度、销售额等。

过程评估：评估市场调研和研发过程中的各个环节是否存在问题，如数据收集的准确性、分析方法的合理性等。

成本效益分析：评估市场研发项目的投入和产出比，分析项目的经济效益和社会效益。

客户满意度分析：通过客户满意度调查等方式，评估物流客户对市场研发项目的满意度和反馈意见。

三、对物流客户服务设计进行质量管理

服务设计是影响客户服务质量的主要内容，优化物流企业的服务设计必须考虑四个方面的效益。

1. 时间效益

随着信息技术的发展，人们对于时间的认识也越来越深刻，企业可以通过先进、快捷的信息传递获得需求信息，并进行准时化生产，使减少库存、缩短库存周期成为可能，一般从延迟和集运这两个概念上实现物流时间的缩短。

2. 降低成本

物流管理的成本降低战略主要是对物流的各个功能环节进行成本效益的分析，杜绝浪费现象，减少运输过程中废弃品、次品的产生，对拿取工件、放置物品、集中零件及寻找工具等不产生附加价值的无用功，通过工序分析或流程再造使之最小化，提高促进工序前进、创造商品价值和使用价值的有用功的比重，从而减少浪费、降低成本。

3. 规模效益

物流作为一个环节复杂的流程，涉及的内容较多，是企业中最容易实现规模效益的领域。在综合层面上对企业各物流部门的活动进行统一的计划、组织和实施，将有效使企业在节省物流成本的同时，扩大物流效益，达到规模经营的效果。

4. 协同运作效应

物流管理的协同运作效应，是使各个物流运作部门或相关企业，都有符合企业物流要求的核心专业化服务，与其他部门或企业相比，具有提供物流相关功能服务的有利地位与强劲优势，即比较优势，能够使企业获得额外的附加利益。

四、对物流客户服务提供过程质量管理

对运输、仓储、库存等主要物流服务活动过程进行质量管理，可采用以下指标：

运输过程质量管理、仓储过程质量管理、库存过程质量管理。

1. 运输过程质量管理可采用以下几个指标：

（1）平均运送时间；

（2）运送时间的变化率；

（3）货物损坏率；

（4）装载效率；

（5）运力利用率；

（6）运输费用水平。

2. 仓储过程质量管理可采用以下几个指标：

（1）货物完好率；

（2）仓库利用率；

（3）货物错发率；

（4）货损货差赔偿率；

（5）设备时间利用率；

（6）仓库吞吐能力实现率。

3. 库存过程质量管理可采用以下几个指标：

（1）库存周转率；

（2）库存结构合理性；

（3）供应计划实现率。

五、物流服务质量的改善与提高

物流服务质量管理的一项重要内容就是对服务质量进行持续性的改进，不断追求更高品质的服务，以提高客户的满意度，增加企业的市场竞争力。持续进行物流服务质量的改进，应当改善服务流程，改进服务方法，开展个性化服务，提供增值服务。

1. 改善服务流程

服务流程是物流服务提供过程中各环节的顺序和相互关系，它包含了影响服务质量的绝大部分因素。改进服务质量应当实施有效的流程管理，不断对业务流程进行审查，对其进行反复的、系统的改善。

2. 改进服务方法

要实现让客户满意的目标，不仅要对物流服务的开发、设计、作业等全过程进行质量控制和改进，还应当寻找好的服务方法，要听取客户、员工甚至是竞争对手的意见，不断提高本企业的竞争实力。

3. 开展个性化服务

个性化服务可以增加革新特色，以使其供应有别于他人。企业可以在保持一定规模经济的同时，为客户提供满足其不同需求的个性化服务，使客户满意。

4. 提供增值服务

增值服务是指一种独特的或特别的活动，通过增值服务可以使厂商们能够通过努力提高效率和效益。

任务三 物流客户服务绩效评价

准确、全面、及时的绩效评价是进行物流客户服务质量管理的基础，它能够有效地监督、控制和掌握企业物流服务的全过程，判断物流客户服务目标的可行性和完成情况，分析企业物流服务资源的利用情况和发展潜力，并为企业实施适当的激励机制提供必要依据。

一、物流客户服务绩效评价指标要素

1. 绩效评价制度

企业应当建立科学的物流服务绩效评价制度，明确开展绩效评价工作的指导原则和目的，从根本上保证这项管理工作能够多层次、多渠道、全方位、连续地进行，保证评价结果的客观性和有效性。绩效评价制度应当明确管理人员在绩效评价工作中的责权范围，并有相应的奖惩措施。

2. 评价主体

物流客户服务绩效评价的主体包括企业内部人员、客户、社会公众以及政府部门。

3. 评价指标

评价指标是对物流客户服务活动中关键控制因素的反映。

绩效评价应当建立完善的立体评价指标体系，应当能够从不同层次、不同侧面反映物流客户服务绩效的总体水平。企业设计的每个评价指标都应当有明确的目的，应当具有可操作性，并且是可以被理解和接受的。

4. 评价标准

物流客户服务绩效评价有四个常用的评价标准。

（1）历史标准；

（2）计划标准；

（3）竞争对手标准；

（4）客户标准。

5. 评价方法

设计绩效评价体系应当对各指标的具体评价方法做出说明，应当通过运用科学的评价方法，确保评价结果能真实反映企业的物流客户服务绩效。在绩效评价中，常用的方法有统计法、排列法、要素比较法、价值分析法等，各种方法都有其适用范围和优缺点，企业应当根据指标的不同特点选用适合的评价方法。

6. 绩效分析

绩效分析的结果必须通过认真、细致、全面的分析，找到各控制因素之间的内在联系，从而对企业物流服务的现状和发展趋势做出分析和判断，分析的结果应当形成结论性报告，为管理者的决策提供依据。

二、物流客户服务绩效评价的指标

高质量的物流客户服务可以有效地提升客户价值，增加客户的满意度，是巩固原有客户和开发新客户的基础。客户服务活动本身的特性决定了作为服务对象的客户总会或多或少地参与服务过程当中，这就增大了客户服务绩效评价的难度。

1. 客户满意度

客户满意度是经常被提及的一项评价指标，该指标反映了企业对客户满意度的重视。客户满意度是一个概括的指标，虽然采用问卷调查、回访、座谈等方法可以获得客户满意与否的相关信息，但是该指标在绩效评价中的可操作性较差，不容易把握。

2. 交易指标

物流客户服务的组成要素可以分成交易前、交易中和交易后三大类，根据这些要素可以构建出评价物流客户服务的各项指标。

（1）交易前指标

响应速度：客户在咨询或提出需求时，物流客服的响应速度，如首次响应时间、解决时间等。

信息准确性：提供的物流信息、价格、时效等是否准确，避免误导客户。

服务可得性：客户服务的可访问性，如在线时长、服务渠道（电话、在线聊天、邮件等）的多样性。

咨询服务质量：客服在解答客户疑问、提供专业建议时的能力和态度。

（2）交易中指标

订单处理效率：从客户下单到订单被处理、发出的时间。

订单准确性：订单内容与客户需求的一致性，包括商品、数量、地址等。

配送效率：从发货到客户收到商品的时间，以及配送过程中的信息更新和透明度。

配送准确性：商品送达地址的准确性，以及商品在运输过程中的安全性。

异常情况处理：面对配送延误、商品损坏等异常情况时，物流公司的处理能力和速度。

（3）交易后指标

售后服务质量：商品退换货、维修等售后服务的响应速度和处理效果。

客户满意度反馈：客户在交易后对物流服务的评价，可以通过满意度调查收集。

忠诚度：客户是否愿意再次使用物流服务或是否会推荐给他人。

投诉处理：对客户投诉的响应速度、处理方式和处理结果。

这些交易指标可以帮助物流企业更全面地了解服务质量在交易过程中的表现，并为改进提供依据。同时，为了确保这些指标的有效性和可靠性，还需要注意数据的收集、分析和解读方法。

三、物流服务企业的绩效评价

绩效评价已经为物流服务企业所重视，很多企业设计了比较科学的绩效评价体系，并将这项管理工作形成了制度固定下来，成为及时了解企业运营绩效、调整和改进企业运营计划的基础。全面的物流服务企业绩效评价应当从企业内部绩效评价和企业外部绩效评价两个方面进行。

1. 企业内部绩效评价

企业内部绩效评价主要是对企业运营状况及其资源、盈利能力等的基础性评价，是物流服务企业绩效评价的重点。这里主要包括：成本；资产衡量；客户服务；作业衡量。

2. 企业外部绩效评价

企业内部绩效评价主要集中在对企业作业情况和经营水平的监控上，而企业外部绩效评价则是对企业的形象、信誉以及市场地位等情况做出评估，这对物流企业制定正确的发展战略、提高企业物流服务质量都是必不可少的。

任务四　物流客户需求及调查研究方法

一、物流客户需求

物流客户需求是指通过买卖双方的长期沟通，对客户购买产品的欲望、用途、功能、款式逐渐进行发掘，将客户心理模糊的认识以精确的方式描述并展示出来的过程。

在进行物流客户需求定义时，需要注意以下 5 项原则。

1. 全面性原则

对于任何已被列入客户范畴的消费者，要全面定义其所有的需求，全面掌握客户在生活中对于各种产品的需求强度和满足状况。

2. 突出性原则

要突出产品和客户需求的结合点，清晰地定义客户的需求，必要时要对客户对本产品的需求形成一个独特的名称。

3. 深入性原则

沟通不能肤浅，否则只能是空谈。对客户需求的定义同样如此，把物流客户需求的定义认为是简单的购买欲望，或者是单纯的购买过程，明显过于局限。只有深入了解客户的生活、工作的各个环节，才会发现客户对某一产品拥有真正的需求。

4. 广泛性原则

不只是对某一特定产品需求进行定义，而是要求销售人员在与客户沟通时，要了解所有客户的需求状况，学会对比分析，差异化地准备自己的相关工具和说服方法。

5. 建议性原则

客户所认同的观念和物流企业或多或少地存在一些差异，所以对物流客户需求进行定义，通常表达为：我们认为您的需求是……，您认同吗?

二、物流客户需求调查研究方法

在进行物流客户需求调查研究过程中，可采用多种不同的调查研究方法。下面简要介绍几种常用的方法。

1. 会议调查法

会议调查法是调查研究工作中常用的方法。召集一些了解详细情况的人，用座谈或讨论的形式请他们谈谈某些问题的情况和他们对此问题的认识，提出建设性意见。开调查会的好处是可以在短时间内了解到比较详细的情况，效率比较高。而且由于参加会议的人员比较熟悉情况，因此掌握的材料会比较可靠。

2. 实地调查法

实地调查法是指调查者有目的、有计划地运用自己的感觉器官，或者借助科学的工具和手段，直接考察正在发生的经济或社会现象。实地调查法的主要优点是调查者能够在实地直接感受客观对象，获取的是直接的、生动的、具体的感性认识，能掌握大量的第一手资料。但实地调查法所观察到的往往是事物的表面现象或者外部联系，带有一定的偶然性。

3. 文献调查法

文献调查法是指通过对文献的收集和摘取以获得关于调查对象的信息。文献指记录知识的信息资料，是调查资料的重要来源。文献调查法的目的在于充分了解事物的背景和概貌，以探求事物发展的规律。文献调查法往往是一种先行的调查方法，一般只能作为调查的先导，而不能作为调查结论的现实依据。

4. 问卷调查法

问卷调查法是指调查者运用统一设计的问卷，并选定一定数量的调查对象，了解情况或征询意见的方法。这种方法能突破时空的限制，同时进行大范围的调查，调查资料便于汇总、整理和分析，资料较为可靠，能够用较少的人力、物力消耗取得比较好的效果。

上述方法只是常用方法，在实际调查过程中并不是单一使用的，各方法之间可以交叉进行，因此在实际运用过程中要灵活使用。

任务五　物流客户服务订单受理

一、客服人员接听电话礼仪

客服人员是公司对外的重要联络窗口，其言行举止直接影响公司形象，因此必须特别注意文明礼貌，以客为尊，以礼待人。

客服人员接听电话注意事项如下：

①提倡使用文明用语，如“请问”“您好”“谢谢”“对不起”“早安”“再见”等。客服人员应在电话铃响两声内接听，接听时统一使用问候语“您好，某某物流”。

②接听时言简意赅，长话短说，尽量把通话时间控制在 15 分钟以内，对客户提出的重要内容或相关疑问，应简要地做记录。

③客服人员接到客户的电话，依据客户所反映或查询的事情做出辨别，若当时能解决的，应立即给予解决。如占用线路时间较长，可转到相关部门，请求协助解决或做好接听记录，留下客户的联系方式，并告知大致的回复时间。

④如在回复时间内仍未解决完毕，应向客户做出解释并致以歉意，继续与相关部门沟通协商，直到问题解决为止。

⑤客服人员在接听客户来电投诉或查询时，应秉着耐心、热情的原则，绝不允许态度生硬或顶撞客户等有损公司形象的行为发生。

⑥针对所有客户的电话投诉，必须书面填写《客户投诉受理一览表》，并跟进处理全过程，及时与客户沟通，争取客户的理解和好感。

⑦总部客服专线、各分支机构客服专线及主要对外电话均开通呼叫转移功能，每日下班后将来电转接至各分公司或办事处负责人的手机上，使全国各地的客户 24 小时均能与公司取得联系并寻求问题解决的途径。总部客服专线来电转接至客服 24 小时值班电话上。

⑧严禁利用公司资源拨打私人电话。

⑨工作期间不予接听电话，或电话接听过程中态度不端，引发客户投诉或业务延误者，一经查实，视情节轻重提报人力资源部予以处理。

二、业务订单受理

业务订单主要有三种受理方式：前台、电话及公司网站。每种受理方式都有不同的订单业务受理流程。

客户通过拨打电话的方式预约物流服务，客服人员要按照电话订单受理方式了解客户的需求。

1. 发货人电话下单

客服人员在接到客户电话下单时，应当先了解并核实相关要素，如发货人、电话、货物属性、发货人地址、收货人、目的地、收货人电话、收货时间、运费结算方式、客户下单时间等。在接听客户下单的同时，客服人员需要将包含以上各要素的下单信息，在客户服务下单系统中记录，经客服人员确认，该客户的货物需要物流中心上门提货。

2. 传递业务单

当确认客户下单后，客服人员要在三分钟内将业务单发送出去。

①业务单发送给业务所属地分公司营业员或服务司机，由其负责提货，此时短信要一并发送给所属分拨中心调度，由其监督提货的执行。

②业务单发送给业务所属地分公司分拨中心调度人员，由其安排营业员提货，具体接收对象最终由分公司实际情况决定。

业务订单的传递以短信方式为主，电话方式为辅。当短信不能传达时，客服人员必须拨打所属地区营业员电话进行电话口头下单，并在该单下单记录中加以备注，说明不能以短信下单的原因及电话下单时间。当短信功能畅通后，再补发此条下单短信，并注明已发送时间。

短信内容以 70 个字为限，包括以下内容：短信流水号+发货人名称+发货人电话+货物名称+数量+重量+方数+目的地+收货人名称+收货人电话+付款方式+提示+客服人员工号。

任务六　物流客户数据统计及报表

一、物流客户信息的整理方式及要点

1. 内部客户手工整理步骤：归类、计算、分析

整理的要点包括物品损坏率、正点运输率、时间利用率、运力利用力、物品完好率、物品盈亏率、物品错发率、设备和时间利用率、仓容利用率、仓库面积利用率、采购不良品率、仓储物品盈亏率、采购计划实现率、供应计划实现率、生产计划实现率、生产均衡率、劳动生产率、销售合同完成率、发货差错率、废品回收利用率。

计算公式如下：

物品完好率=（平均库存量-缺损变质货物总量）/平均库存量×100%

设备利用率=实际作业台班/制度台班×100%

仓储利用率=（月初库存吨位+月末库存吨位）/2/使用的面积

仓库面积利用率=已利用面积/总面积×100%

采购计划实现率=（实际采购总金额/同期计划采购总金额）×100%

生产计划实现率=每月按计划完成订单台数/计划订单台数×100%

劳动生产率=产出数量/投入的劳动消耗量

生产均衡率=$\sum$ 每日完成该日计划产量的百分比（超过100%时按100%计算）/生产日数

销售合同完成率=已交货数量/合同订货数量×100%

发货差错率=差错累计笔数/发货总笔数×100%

废品回收利用率=废品回收量/废品总量×100%

2. 外部客户手工整理步骤：归类、计算、分析

整理的要点包括客户基础资料、客户特征资料、业务状况资料、财务及信用资料、客户行为资料。

二、物流客户信息的分类

①按对象分类：内部客户信息、外部客户信息；

②按等级分类：普通客户信息、VIP 客户信息；

③按稳定性分类：临时客户信息、会员客户信息。

三、物流客户信息的统计方法

物流客户信息的统计方法有人工整理法和计算机整理法两种。

1. 人工整理法

人工整理法是指利用手工，借助各种图表形式，对物流客户信息进行归类、计算、分析的整理方法。

2. 计算机整理法

计算机整理法，实际上是建立一个整个企业甚至整个社会都能随时调用的物流客户信息系统和信息网络。

四、区分客户价值的方法

1. 客户 ABC 分类法

（1）A 类客户，即 VIP 客户的管理；

（2）B 类客户，即主要客户的管理；

（3）C 类客户，即普通客户的管理；

（4）D类客户，即小客户的管理。

2. RFM 分析法

RFM 分析法是根据客户购买间隔、购买频率和购买金额来计算客户价值的一种方法。

3. CLV 分析法

CLV 分析法指客户生命周期价值，客户在企业的整个生命周期内为企业创造的价值。

任务七　物流客户资信管理

随着市场竞争的不断加剧，企业为了扩大市场份额，增加销售量，越来越多地采用赊销的方式，并且已逐步成为许多行业的惯例和企业竞争的重要手段。但是，由于市场规则和法律体系仍不完善，特别是物流社会的信用体系并未建立，因而在很大程度上增加了物流企业客户信用管理的风险。为此，我们要对物流企业的实际经营状况加以确定。

一、物流客户信息资信管理

物流客户信息资信管理就是全面收集与客户相关的信息，进行资信调查与评估，筛选出符合物流企业要求的资信良好的客户。它是从企业经营风险的角度专注于保护企业在债务方面的投资，最终达到企业经营现金流量的最大化。

在实际的企业管理工作中，资信管理功能基本上围绕赊销工作而展开，其核心目的是做好赊销工作，控制赊销的风险。

具体来说，物流企业在进行客户资信管理方面，主要的目标有以下两点。

1. 降低企业赊销的风险，减少坏账的损失

如果说物流企业销售部门追求销售额的最大化，财务部门关注资金回笼的最大化，那么资信管理部门则需要在两者之间寻找平衡点，实现企业的利润最大化。

2. 减少销售变现天数，加快流动资金的流转

物流企业可以通过扩大应收账款来刺激销售，从而减少存货。但是，如果应收账款不能回收，价值增值仍然无法实现。此外，这个转换机制还必须是迅速的，只有迅速转换，企业才能获得更多的利润，增强竞争优势。

因此，信用管理的重要职责就是将销售变现天数控制在一个合理的水平，减少应收账款对资金的占用，减少利息成本，以加快流动资金的周转。

二、物流客户资信调查

物流客户资信调查是对客户资信进行评估和实施物流客户资信管理的基础。在进行物流客户资信调查前，要有明确的调查目标，并做好调查前的准备工作，包括了解被调查客户的基本状况，制订调查计划、拟定调查提纲等。以下是几种资信调查的方式。

1. 通过银行等金融机构进行调查

这种调查方式一般应由业务经理提出委托申请，由业务银行协助调查，可信度比较高，所需费用少，但很难掌握客户的全部资信情况，而且由于客户的业务银行不同，所花费的调查时间较长。

2. 利用专业资信调查机构进行调查

这种方式能够在短期内完成调查，经费支出较大，但能满足委托方的要求。

3. 通过客户或行业组织进行调查

这种方式可以深入、具体地调查，但受到地域的限制，难以把握整体的信息，并且难辨真伪。

4. 进行内部调查

进行内部调查时，可以询问同事或委托同事了解客户的信用状况，或从本企业的派出机构以及新闻报道中获取客户的有关信用情况。

案例分析

案例：A 物流企业客户服务案例

1. A 物流企业背景

A 物流企业成立于 2003 年 3 月，是一家专门从事国内货物运输、仓储、配送、托运的中小型运输物流企业。自公司成立以来，建立了以铁路运输、公路运输为主，集包装制作、仓储管理、物流服务于一体的综合运营体系。公司位于京津塘高速与北京东五环交界处，交通便利，现分别与全国各大货运单位形成联运的工作方式，每天都有各类型的运输车发往全国各地并受理全国各大、中型城市的整车、零担货物托运业务，设有库房，能办理中转，可以承接全国大多数大、中型城市的运输业务。

（1）业务范围

①办理北京至全国各地的铁路快件、铁路行包等业务；

②办理北京至全国各地的航空普件、航空急件、航空派送、航空异地付款业务；

③办理北京至上海、广州、成都等地的公路运输；

④办理北京至全国各地的长途包车、空车配载业务；

⑤办理货物仓储并有大量库房出租；

⑥办理北京至全国各地的特快专递业务。

（2）专项业务项目

①专业为互联网公司服务，如中企动力科技股份有限公司和北京天下互联信息科技有限公司都是该公司的客户。

②学生行李托运：为了适应市场的发展，也为给在校大学生提供更多的方便，公司特地开设了为学生提供行李包装托运的相关业务。

③长途搬家业务：为部分公司和个人提供北京至上海、广州、成都等大城市的长途搬家业务。

2. A 物流企业客户服务现状

这几年，我国第三方物流发展迅速，但真正能够提供一体化服务的企业还不多。物流企业的规模普遍较小，难以形成规模优势，取得规模经营效益。物流的硬件基础与发达国家相比还有相当大的差距。工商企业重视物流不仅是为了节约成本，更重要的是他们越来越认识到物流对提高客户服务水平及企业获得竞争性战略优势的重要性。在第三方物流企业融入客户供应链后，它所提供物流服务的种类与水平需要根据客户的特点“度身定制”。第三方物流企业的运作表现直接关系到被服务公司客户的满意度，第三方物流企业只有对客户的服务做出贡献，才能取得成功。

作为一个小规模第三方物流企业，A 物流企业也面临着上述行业困境。体现在公司战略上，则是以产品营销策略为主，通过对运输、储存、装卸、包装、流通加工、配送等基本功能的组织与管理来满足客户物流需求。公司的营销策略为“快递的速度，货运的价格”，秉承“安全、准时、快捷、经济”的服务理念，以及这种对价格营销、对物流过程的重视，在一定程度上提高了物流配送服务的质量，并且从以下三个方面影响客户的满意程度。

第一，物流过程通过产品配送提供客户所要求的基本增值服务——时间效用与地点效用；

第二，物流直接影响其他业务过程中满足客户的能力；

第三，配送和其他物流作业经常与客户发生直接联系，影响客户对于产品以及相关服务的感受。

但是这种战略也影响了该公司在相同的成本下进一步提高客户服务水平的能力，这主要体现在以下四个方面。

（1）没有树立正确的物流服务观念

A 物流企业只是把物流服务水平看作一种销售竞争手段，对物流服务是物流企业核心竞争力的重要组成因素没有引起足够的重视，缺乏整体服务理念和建立稳定的合作关系的意识。第三方物流企业是服务企业，物流服务于生产到消费的全过程。但很多第三方物流企业仅从自身业务的视角看待自己的服务，而不是从供应链的角度看待物流服务，因此对服务对象的上、下游企业的了解不够，对他们的战略目标、发展需求了解不够。第三方物流是客户的战略同盟者，而非一般的买卖对象。第三方物流企业在物流领域扮演的是客户战略同盟的角色。在服务内容上，它为客户提供的不仅是一次性的运输或配送服务，而是一种具有长期契约性质的综合性物流服务，最终职能是保证客户物流体系的高效运作并不断优化供应链管理。从这个角度看，与其说第三方物流企业是一个专业的物流企业，不如说它是客户的一个专职物流部门，只是这个“物流部门”更具有专业优势和管理经验。与传统运输企业相比，第三方物流企业的服务范围不仅限于运输、仓储业务，它更加注重客户物流体系的整体运作效率与效益，供应链的管理与不断优化是它的核心服务内容，它的业务深深地触及客户企业销售计划、库存管理、订货计划、生产计划等整个生产经营过程，远远超越了与客户一般意义上的买卖关系，而是紧密地结合成一体，形成了一种战略合作伙伴关系。

从长远看，第三方物流企业的服务领域还将进一步扩展，甚至会成为客户销售体系的一部分，它的生存与发展必将与客户企业的命运紧密联系在一起。一个企业的迅速发展光靠自身的资源和力量是远远不够的，必须寻找战略合作伙伴，通过同盟的力量获取竞争优势。而第三方物流企业扮演的就是这种同盟者的角色，与客户形成的是相互依赖的市场共生关系。

（2）没有建立适宜的客户服务目标

A 物流企业在很大程度上以公司内部导向和竞争对手导向的目标为依据确定其客户服务标准，简单地把往年成绩提高一定的百分比来作为他们的实施目标。这些指标包括：发货及时率、到货及时率、客户满意度、订单完成率比上年提高 1%，破损率比上年降低2.5%（A物流企业的统计报表显示，上年发货及时率为95%，到货及时率为97%，订单完成率为98%，破损率为4%，客户满意度没有统计数据）。

这种不明确、不细化的客户服务目标，导致A物流企业员工在实际的客户服务过程中可操作性较低。

（3）缺乏完善的服务质量评价指标

基于上述客户服务的目标，A物流企业也缺乏完善的服务质量评价体系。公司通过对物流服务单据的统计与汇总进行服务质量评价。每月月底将本月的订单进行汇总，按照订单信息统计出发货及时率、到货及时率、客户满意度、订单完成率以及破损率等数据。在汇总中，对于单据已丢失的服务信息则无法进行统计。这种简单的、不完整的服务质量评价方式，既不能从根本上正确反映A物流企业的客户服务水平，也不能得出提高客户服务水平的改进意见，因此极大地制约了A物流企业客户服务水平的提高，同时也阻碍了公司的健康发展。

（4）信息化服务能力薄弱

作为一个小规模第三方物流企业，A公司的信息化服务能力很薄弱，体现在以下两个方面。

①下单方式单一，只能通过电话或传真下单；

②查询方式单一且滞后，客户只能通过电话查询，拨打发货地的电话查询发货时间，拨打收货地的电话查询到货时间，A公司内部没有订单过程跟踪系统。

物流服务的信息化，其目的既在于提高物流企业自身的效率，更在于提高物流服务的质量，协助客户随时控制或跟踪物流的节奏。没有业务流程的电子信息化，提供现代第三方物流服务就无从谈起。物流信息建设一直是我国第三方物流企业的薄弱环节，严重影响了客户对服务的满意程度。在推进物流企业质量标准化的过程中，服务质量的及时跟踪和有效控制对企业信息系统建设提出了更高的要求，第三方物流企业加快推进信息化建设已迫在眉睫。

<table>
<tr><th>任务</th><th colspan="3">案例启示</th></tr>
<tr><td>分析案例</td><td colspan="3"></td></tr>
<tr><td>学生姓名</td><td></td><td>指导教师</td><td></td></tr>
</table>

活页笔记

1. 物流客户需求管理中，在进行客户需求定义时需要注意哪些原则？

2. 物流企业在进行客户资信管理时，主要目标有哪些？

3. 请简述物流客户服务质量管理的基本程序。

<table>
<tr><td>问题</td><td colspan="3">解答</td></tr>
<tr><td>1</td><td colspan="3"></td></tr>
<tr><td>2</td><td colspan="3"></td></tr>
<tr><td>3</td><td colspan="3"></td></tr>
<tr><td>本项目的收获
体会与建议</td><td colspan="3"></td></tr>
<tr><td>学生姓名</td><td></td><td>指导教师</td><td></td></tr>
</table>

项目九　数字化客服

认知目标

➢ 理解数字化客服的多种表现形式及作用。

➢ 探索智能客服环节的价值和在现代企业运营中的重要性。

能力目标

➢ 明确数字化客服体系的核心职责。

➢ 阐述数字化客服体系的构成和主要功能。

➢ 熟悉语音智能门户涵盖的内容及工作机制。

思政目标

➢ 培养创新思维和团队协作能力，在数字化客服实践中积极探索和分享新的思路和方法，共同提升企业客户服务水平。

➢ 强化职业素养和道德观念，在数字化客服工作中保持专业、热情、负责的态度，为客户提供优质、高效的服务。

任务一　互联网时代的数字化客服

随着互联网技术的发展，电子商务、O2O、新零售等新业态不断涌现，物流行业也发生了深刻变化。但同时，物流行业发展面临着行业发展速度快、客户需求多、服务难度大等一系列问题。如何提高客户满意度，成为提升企业竞争力的关键所在。

随着智能手机和移动互联网的普及，物流客服也开始向数字化转变。比如，通过微信等互联网社交工具来拓展客户；利用大数据等技术，收集和分析客户数据；利用智能客服机器人等智能工具来处理客户问题；通过物流地图来了解客户分布情况，为企业提供精准的服务。

一、客服中心数字化转型

随着互联网的发展，企业之间的竞争变得更加激烈。而服务质量则成为企业提高竞争力的关键因素。尤其是在物流行业，客户需求数量多，服务难度大，客服中心成了企业与客户沟通的主要渠道。如果无法满足客户需求，就会失去客户。

其实，在互联网时代下，物流客服已经不局限于电话这一种渠道。微信、QQ 等社交工具的出现也让物流客服有了更多与客户交流的渠道。除此之外，还可以通过客服机器人、智能机器人等智能工具来处理客户问题。在满足客户需求的同时，也为企业节省了大量人工成本。

如果想要更好地服务客户，可以选择一些专业的物流服务商来提供高质量的服务。

二、物流客户的个性化需求

物流客户的需求具有多样性和不确定性，每个物流客户都有不同的需求。对于一些定制化、个性化的需求，企业往往无法准确判断，会导致服务质量降低，甚至出现投诉和纠纷。所以企业需要用数字化技术来进行精准分析和处理。比如，通过对客户的交易行为、物流信息、社交动态等数据进行采集和分析，了解客户的需求，根据需求进行精准服务。

物流企业可以根据客户需求，为客户定制个性化的物流服务方案，这样不仅可以提高服务质量，还可以满足客户的个性化需求。以快递为例，快递公司可以根据客户的需求、要求以及历史订单情况等数据信息，为客户提供量身定制的服务方案。

三、客户信息管理

随着智能手机的普及，物流客服也开始使用微信、QQ、钉钉等社交软件对客户的基本信息进行管理。通过智能客服机器人，企业可以随时了解到客户的姓名、电话、地址、收货人等基本信息，为客户提供更加精准的服务。比如，当客户查询到收货地址在北京市西城区西直门外大街×号院时，系统会自动提醒客服人员为客户提供上门收货服务。同时，也可以根据客户的需求，为其提供不同的上门服务。比如，当客户想要去某地旅游时，客服人员会向他介绍当地旅游景点，并把当地的旅游攻略分享给他。

除了线上服务，物流企业还可以利用线下网点为客户提供更加便利的服务。比如，当客户想要去某地出差时，客服人员可以将出行路线以及交通工具告知客户。这样不仅可以提高客户满意度，还可以提升企业的品牌形象。对于企业来说，这是一个双赢的局面。

四、智能客服机器人的应用

智能客服机器人的应用主要有以下几个方面：①智能客服机器人可以为客户提供24小时在线服务，可以代替人工客服回答客户问题，及时回复客户，提升服务质量和效率；②智能客服机器人可以帮助企业自动完成一些简单、重复性的工作，如图片识别、拍照录入等；③智能客服机器人可以辅助人工客服进行部分复杂的工作，比如处理客户投诉、退换货、退款等问题。

以物流行业为例，客户咨询问题时，智能客服机器人能够帮助企业回答客户的问题，节省人工客服的时间成本。同时，智能客服机器人还能协助人工客服做一些简单的数据统计、处理和分析工作，如对客户的咨询情况进行分类和分析，帮助企业了解客户需求等。

五、物流地图的应用

互联网时代的物流数字化客服，让企业可以准确地了解客户的分布情况，为客户提供精准服务。比如通过物流地图可以了解客户所在位置、与企业的距离、是否有交通管制、客户是否有紧急情况、是否有特殊需求等信息。

随着互联网技术的发展，传统物流行业发生了深刻变化，客户需求也越来越多元化和个性化。为了满足客户的需求，物流企业必须不断优化服务流程，提高服务质量，增强用户黏性。在这个过程中，数字化客服将起到越来越重要的作用。

任务二　数字化客服体系

一、数字化客服

数字化客服是指将传统线下业务全部转移到线上，让企业可以随时随地提供服务，让企业的服务像淘宝网一样便利、像京东一样快速、像微信一样方便。

数字化客服不仅可以提供更多的在线服务，还能实现在线聊天、语音通话、文字聊天等多种沟通方式。同时，还可以利用AI技术自动识别客户的情绪，智能提供相应的服务，让客户产生更好的服务体验。

数字化客服的发展历程可分为三个阶段：第一阶段是PC（个人计算机）时代，通过文字和语音与客户进行沟通；第二阶段是移动互联网时代，通过App和小程序与客户进行沟通；第三阶段是智能客服时代，通过自然语言处理技术与客户进行沟通。

当前的数字客服主要应用在企业服务场景中，如在线客服、电话客服、视频客服、智能外呼等，目前应用范围比较广的是智能语音技术。

二、体系构成

数字化客服体系的建设是一个系统性工程，包含前台、中台和后台，三者相互衔接、相互支撑，共同组成了企业服务的完整体系。从数字客服的产生背景来看，它是伴随着互联网发展而出现的新事物，但当互联网向传统行业渗透时，它也是传统企业在数字化转型过程中不得不面对的问题。

1. 前台

前台是企业客服中心对外提供服务的窗口，其主要职责包括接待来访客户、解答客户咨询、解决客户投诉，以及为企业提供其他相关服务。

①接待来访客户：企业客服中心会根据实际业务需要，通过电话、微信等方式对来访客户进行接待。对于电话接入，需要提前与企业IT部门进行对接，确定接入的方式。对于微信接入，需要提前与企业客服中心进行沟通，确定接入的方式。

②解答客户咨询：对于来电咨询的客户，企业客服中心会在接听时详细记录其信息，并进行分类整理。在接听结束后，客服中心会通过系统将问题统一发送给相应的部门进行处理。

企业客服中心要对来电咨询的客户信息进行保密处理。在后台系统中，将来电咨询信息与其相对应的信息进行匹配并建立关系，便于企业在后续处理过程中能更好地开展工作。

2. 中台

中台是客服体系建设的核心，它是整个客服体系的指挥中心和枢纽，能够很好地实现数据共享、流程优化和业务协同。中台一般可分为客服应用中台、业务中台和技术中台。

客服应用中台，可以将用户需求和业务流程进行有效的分类、加工和处理，以满足用户需求，提高客服工作效率；业务中台，可以实现多渠道接入、统一接入平台等；技术中台，可以将前端服务能力进行抽象和沉淀，供其他后台系统调用。

数字化客服体系建设的本质是通过数字化技术将前台的运营能力赋能给中台，帮助中台更好地为前台提供服务。在实际建设过程中，企业往往会根据自身的发展情况进行中台建设，根据企业业务需求、组织架构来设置相应的中台。

3. 后台

①全渠道统一接入：建立统一的多渠道接入体系，可以减少不同渠道之间的信息割裂，提高客户服务效率。

②多渠道分流：建立多渠道分流机制，支持客户在多个渠道进行问题咨询和投诉。

③多渠道处理：建立多个渠道的受理通道，根据不同渠道的特点分配不同的客服人员处理客户问题，提高效率。

④全流程可视化管理：将客服人员分为不同的工作小组，通过后台对团队工作情况进行实时监控和分析，了解当前工作人员的能力和状态，并及时提供必要的支持和帮助。

⑤全链路闭环管理：建立全链路管理体系，可将企业服务过程中的所有环节纳入闭环管理之中，从客服发起咨询、客服开始响应到处理结果反馈等过程都会记录在系统内，保证用户满意度。

⑥实时数据分析：将数据以可视化方式展示出来，便于分析和洞察客户需求及服务效果。

三、数据管理

客服体系的数据管理主要包括两个部分：数据管理和数据分析。

数据管理包括数据的采集、加工、存储、传输等，它是整个客服体系的基石。在数据采集方面，客户通过系统或其他渠道进入的对话数据，都要经过数据处理之后才能被企业利用。在数据加工方面，客服人员可以通过系统或其他渠道接收客户的各种对话信息，这些对话信息都要经过处理之后才能变成企业需要的信息；在数据传输方面，企业通过系统或者其他渠道收到的客户反馈信息，都要通过系统或者其他渠道发送到指定人员的手中。这些内容共同组成了完整的客服体系，通过对这些数据进行分析、处理和挖掘，可以帮助企业了解客户需求、优化服务流程、提升服务水平。

随着移动互联网的发展，数字化客服体系已成为企业服务的基础，也是企业服务的未来。随着智能客服的出现，传统企业的服务场景发生了巨大变化，由过去以人为主的线下交互模式转变为以用户为中心的线上交互模式，这使企业需要快速响应用户需求。

从发展趋势来看，数字化客服体系将会是未来企业服务的重要组成部分。

任务三　物流智能客服系统

随着电商的快速发展，物流企业也迎来了“高光时刻”，以快递企业为例，2023年全年，中国快递业务量达1320.7亿件，同比增长19.4%。这样的成绩是中国物流企业多年来不断努力的结果。然而，物流行业的高速发展也带来了一定的挑战，其中较为明显的一个就是在服务环节中遇到的客服问题。为此，物流企业开始不断进行客服转型升级，使用智能客服系统来解决客户在物流服务过程中遇到的各种问题。

一、物流智能客服系统中的语音智能门户

在物流智能客服环节中，语音智能门户扮演着至关重要的角色。语音智能门户不仅能够收集和整理客户的语音信息，还可以将其转化为服务请求，并与后台的服务系统进行交互。

通过对客户信息的整合和处理，语音智能门户可使客户获得有关物流运输、存储、交付、处理等方面的更多信息。当客户面临问题时，语音智能门户将为其提供一个高效的解决方案。

1. 智能导航

语音智能门户能够通过客户的语音请求，提供一个清晰的导航。在这个过程中，语音智能门户可以提示客户询问以下问题：

①运输和交付是如何进行的？

②运输或交付过程中出现了哪些问题？

③如果有问题，您需要联系谁？

④当货物到达目的地时，您希望它在哪里交付？

⑤需要交付的货物是否已送达目的地？

⑥需要提供哪些额外的信息来帮助您完成整个过程？

通过对上述问题的回答，语音智能门户能够帮助客户规划运输路线、安排送货时

间、跟踪运输状态等。此外，语音智能门户还可以帮助客户规划出最高效的路线，降低成本。例如，语音智能门户可以建议客户将货物从 A 地送到 B 地。如果需要一周时间来完成此任务，则语音智能门户可建议将货物存放在附近的仓库。由于语音智能门户能够识别客户的口音，因此它可以根据不同的口音提供不同的服务。

2. 智能调度

根据客户的需求，语音智能门户可以根据历史数据为其提供智能调度方案。客户可直接向语音智能门户提出调度请求，而语音智能门户也可以根据客户的需求和历史数据为其提供相应的调度建议。

在物流服务中，语音智能门户还可以根据客户的订单情况提供物流运输方案。例如，在某些情况下，物流公司可能需要在第二天交付货物，但客户又希望第二天能收到货物。这时，语音智能门户就可以为客户提供一个较为合理的物流运输方案，帮助其更好地安排后续工作。

此外，语音智能门户还可以为客户提供一些个性化的建议。例如，当客户对物流服务不满意时，语音智能门户可以建议其向其他物流服务提供商寻求帮助，以便快速解决问题。

通过语音智能门户，物流企业不仅可以为客户提供更优质的服务，还能提高其运营效率和盈利能力。由于语音智能门户所具备的强大功能，其在整个物流环节中扮演着重要角色。未来，随着语音智能门户技术的不断发展和成熟，其在整个物流环节中的作用将越来越重要。

3. 语音应答

客户呼叫智能语音门户后，如果得到满意的回答，则可以点击“确认”，之后自动进入下一步工作流程。这一流程在物流企业中最为常见。

语音智能门户根据客户的要求和问题，提供相应的服务。它可以自动执行许多任务，主要包括：①客户询问物流服务的具体内容；②客户要求提供实时信息；③客户要求了解运输路线；④客户询问物流服务的有效期和服务时间。

在语音智能门户上，系统将对上述请求进行处理。如果客户想知道物流公司的运输信息，语音智能门户将询问该公司的详细信息，如运输时间和服务地点。如果客户想了解当前的运输状态，则可以要求语音智能门户提供当前状态下的运输信息。在接收到这些信息后，语音智能门户将继续处理下一步工作流程。

如果客户需要了解其他物流服务内容，如查询货运报价、货物是否损坏或丢失、是否有延迟交付等，语音智能门户将根据其要求提供不同的回答。

除提供常见的回答外，语音智能门户还可以为客户提供更多有价值的信息。例如，①如果您对货物运输或存储方面有任何问题，您可以要求语音智能门户提供更多有关信息；②如果您想了解一些新功能或新服务，您可以要求语音智能门户提供相关信息。

4. 语音查询

客户可以通过语音智能门户了解物流信息、商品价格等，从而制订更为合理的购买计划。语音智能门户不仅可以根据语音内容进行实时查询，还可以根据用户的个性化需求进行定制。

在物流智能客服环节中，语音智能门户提供了一个强大的平台来满足客户的需求。然而，物流企业要想成功地使用语音智能门户，必须克服以下几个障碍。

①语言识别率需要提高：如果语音智能门户不能准确地理解客户的意图，那么它就不能很好地与客户沟通。因此，企业需要对语言进行识别和翻译。

②客户满意度有待提高：如果客户不满意自己的服务，那么企业将无法满足他们的需求。因此，物流企业必须提高自己的服务水平。

③系统集成问题：如果物流企业想要建设语音智能门户系统，但它缺乏相应的接口与后台系统进行交互。那么，企业需要一种安全可靠、可扩展、易集成的语音智能门户系统。

④缺乏专业知识：由于语音智能门户系统涉及大量复杂的技术和数据知识，因此物流企业需要专业人士来帮助他们实现这些目标。

5. 自动处理问题

智能语音门户能够帮助物流企业在客户与企业之间建立一个有效的联系，并对客户的问题进行自动响应。这将减少人工回复的时间，从而使客户获得更好的服务体验。在物流行业中，自动回复功能还可以减少重复问题的出现，从而使物流企业的人力成本大大降低。

语音智能门户可以在客户与企业之间建立起一座快速而又安全的桥梁，帮助物流企业更好地了解和满足客户需求。

二、物流智能客服系统的价值

1. 提升客服人员工作效率

智能客服系统可以帮助企业节省大量人力，比如一个客服人员可以同时服务多个客户，还能对客户提出的问题进行分析，并给出专业的答案，再也不用手忙脚乱地回复不同客户咨询的问题。

在智能客服系统中，企业可以实时监控每个员工的工作情况，并通过系统自动评分、实时排名等方式来激励员工的工作积极性。智能客服系统还可以提供智能客服知识库管理功能，包括客户问题分类、解决方案、常见问题等内容。智能客服知识库会对这些内容进行自动更新，保证知识库的有效性，这样就能有效提高客服人员的工作效率。

2. 多渠道接入

由于物流行业的特殊性，客户在咨询时，需要面对多个渠道的选择，如线上客服、电话客服、在线客服等。所以，物流企业需要一款能接入多渠道的智能客服系统。

例如，针对在线客服渠道，可以选择“智能客服系统”中的“电话机器人”来帮助客户处理问题；针对电话渠道，可以选择“智能机器人”来帮助客户解决问题。通过这种方式，企业能够实现多渠道接入、一站式服务。

以京东为例，京东智能客服系统可以通过电话机器人、微信、微博、网站、邮件等多种渠道接入。企业能够通过不同的渠道，来满足客户不同的需求。对于电话机器人，京东物流可以针对客户咨询量较大的问题进行分析和分类，然后根据客户的具体需求来进行机器人的分类；对于微信公众号和微信小程序等渠道，京东物流则可以通过引导客户使用小程序来完成服务流程。

3. 更准确的客户信息

客户的需求是不断变化的，有时会因时间、地点或其他因素而产生变动。这就要求物流企业在服务客户时，必须随时关注客户需求的变化，并及时做出调整。

智能客服系统可以自动记录客户在不同时间、不同地点和不同条件下的问题和需求，为企业提供更为精准的客户信息，为服务人员提供更为全面的客户信息，从而提高服务效率和服务质量。

以某物流企业为例，他们在使用智能客服系统后，能够快速了解客户在购买商品时遇到了哪些问题以及咨询哪个部门能得到解决，从而提高服务效率和质量。当遇到紧急情况时，客户可以通过智能客服系统向负责人发起求助，这样就能快速得到解决方案。

总体来看，智能客服在物流企业中的应用不仅可以有效降低物流企业的运营成本，还可以提升客户服务质量，帮助物流企业在激烈的市场竞争中脱颖而出。

4. 为企业提供精准的业务分析数据

客服系统可以为企业提供精准的业务分析数据，通过对业务数据的分析，能够帮助企业掌握客户的需求和喜好，进而提供更加优质的服务。以圆通速递为例，在使用了智能客服系统之后，圆通速递就可以准确地掌握客户在物流过程中遇到的各种问题和需求，为客户提供更加优质的服务。当客户遇到问题时，客服人员可以根据系统中保存的所有历史服务记录，了解到客户最关注的问题和需求，从而为客户提供更多优质的服务。

目前，智能客服已经成为越来越多物流企业提升服务质量、提升运营效率的重要手段之一。智能客服可以帮助企业解决传统客服工作中存在的问题和困难，并且还可以让物流企业进一步完善自己的产品和服务，提高用户体验。未来，智能客服会成为物流企业标配的一项服务工具，并成为提高物流企业竞争力和服务水平的有力工具。

5. 提升用户体验

有很多行业都与物流有着密切的联系，如建筑、家居、电子商务等。随着互联网技术的发展，物流行业也在不断进行创新升级，如无人化技术、自动化设备、AI 等。

这些创新和升级都能有效提高物流企业的用户体验，尤其是在智能客服环节中，它能够通过人工智能技术的应用，更好地帮助物流企业提升用户体验。

当然，智能客服系统不是万能的，它只是作为一种辅助工具来帮助企业解决问题。但是对于客户而言，它却是一个可以信任的渠道。

6. 智能工单管理

物流企业可以利用智能客服系统实现工单管理。通过智能工单管理功能，企业可以将客户服务的工单内容进行分类管理，如将工单按照类型分为“咨询”“投诉”“建议”等不同的类型。而当客户遇到问题时，只需要填写相应的信息就可以快速得到回复，不仅提高了工作效率，还能提高客户的满意度。因此，使用智能客服系统进行客户服务，不仅可以提升客户的服务体验感，还能提升物流企业的工作效率。

随着市场需求的不断变化以及物流行业的不断发展，智能客服系统也会不断进行升级和完善，帮助物流企业提升服务质量和效率。

7. 智能质检与统计分析

质检是对客服服务质量的保证，一般情况下，质检主要包括自动质检、人工质检和专家质检。智能客服系统可以通过工单管理、录音质量监控等多种方式来实现智能质检功能。

在统计分析方面，智能客服系统可以通过对数据的深度分析，来帮助企业发现运营中存在的问题。以某物流企业为例，通过对客服系统进行分析可以发现客户满意度较低的问题，并制定针对性的措施来提高客户满意度。

案例分析

案例：AI 驱动的智能客服

近年来，随着人工智能技术的不断发展，语音技术的应用也越来越广泛。在智能客服领域中，人工智能语音技术也越来越多地应用于实际生产中，成为许多企业提高客户服务质量、提升客户满意度的重要手段。

1. 阿里巴巴“智能客服”项目

阿里巴巴作为B2B电子商务公司，其客服质量一直备受关注。2018年，阿里巴巴启动了“智能客服”项目，将人工智能语音技术应用到了客服中。据介绍，阿里巴巴“智能客服”可以通过语音识别技术，对客户讲话的内容进行理解和识别，结合自然语言处理技术，对客户的问题进行分析和匹配，并通过语音合成技术，以自然的语音播报回复内容。相比传统的客服人员，阿里巴巴“智能客服”可以在短时间内处理更多的客户问题，并且保持较好的客户体验，这也为阿里巴巴在市场上赢得了更多的认可和支持。

2. 携程旅行“智能客服”项目

携程旅行也借助人工智能语音技术来提升客户服务质量，推出了“智能客服”项目。据携程相关人员透露，其“智能客服”项目除了应用语音识别、自然语言处理和语音合成等技术，还结合了机器学习、大数据和云计算等技术，通过对客户热点问题的分析和洞察，实现对客户的个性化服务，极大地提升了客户体验和满意度。

3. 中国移动“5G”的“智能客服”项目

中国移动也依托5G技术推出了“智能客服”。据介绍，该项目主要应用了人工智能语音技术以及5G技术，旨在为客户提供更快速、更稳定、更高效的语音服务。相比传统的2G或3G网络，在5G网络下，语音数据传输速度更快、延迟更低，提供了更好的语音通话质量和稳定性。同时，通过人工智能语音技术，中国移动还实现了对客户语音内容的实时分析和处理，对客户提出的问题进行快速定位和响应，极大地提升了客户体验和满意度。

随着技术的不断进步和应用的不断拓展，相信人工智能语音技术会在未来的客服领域中发挥更大的作用，成为提高客户服务质量和客户体验的重要手段。

任务	案例启示		
分析案例			
学生姓名		指导教师	

活页笔记

1. 请分析在互联网时代背景下，数字化客服相较于传统客服有哪些显著的优势和挑战？你认为数字化客服在未来的发展方向会是怎样的？

2. 数字化客服体系通常包括哪些关键组成部分？

3. 智能客服在数字化客服体系中扮演了怎样的角色？请列举智能客服在提升客户体验、提高服务效率以及降低成本等方面的具体价值。你认为企业应该如何充分利用智能客服的优势？

4. 请描述语音智能门户在智能客服中的作用和重要性。

<table>
<tr><td>问题</td><td colspan="3">解答</td></tr>
<tr><td>1</td><td colspan="3"></td></tr>
<tr><td>2</td><td colspan="3"></td></tr>
<tr><td>3</td><td colspan="3"></td></tr>
<tr><td>4</td><td colspan="3"></td></tr>
<tr><td>本项目的收获
体会与建议</td><td colspan="3"></td></tr>
<tr><td>学生姓名</td><td></td><td>指导教师</td><td></td></tr>
</table>

参考文献

［1］黄贵春．客户服务与管理［M］．北京：高等教育出版社，2016.

［2］苏朝晖．客户关系管理［M］．5 版．北京：清华大学出版社，2021.

［3］乌尔瓦希·毛卡尔，哈林德尔·库马尔·毛卡尔．客户关系管理［M］．北京：中国人民大学出版社，2014.

［4］周洁如．现代客户关系管理［M］．2 版．上海：上海交通大学出版社，2014.

［5］杨俐．物流客户服务与营销［M］．北京：中国财富出版社有限公司，2020.

［6］王淑娟，吴蔚，万立军，等．物流客户关系管理与服务［M］．北京：清华大学出版社，2011.

［7］周艳红．电子商务客户服务［M］．2 版．北京：中国人民大学出版社，2023.

［8］赵宁，王天春．物流企业客户服务［M］．北京：中国物资出版社，2006.

［9］李红梅．现代推销实务［M］．6 版．北京：电子工业出版社，2022.

［10］杜帅．客户管理必备制度与表格范例［M］．北京：中国友谊出版公司，2018.

［11］袁旦．物流客户服务［M］．3 版．北京：电子工业出版社，2022.

［12］任娟娟．现代物流客户关系管理［M］．北京：北京理工大学出版社，2022.

［13］王国玲，王辉，许艳华．客户服务与管理［M］．3 版．北京：中国人民大学出版社，2022.

［14］孙宗虎．客户服务全过程管理流程设计与工作标准［M］．北京：人民邮电出版社，2020.

［15］董亮．客户服务与客户投诉处理实务手册［M］．修订版．北京：企业管理出版社，2023.

［16］李先国，曹献存．客户服务管理［M］．2 版．北京：清华大学出版社，2011.

[17] 陈静俊，楼晓东．客户服务与管理［M］．2 版．北京：中国人民大学出版社，2016.

[18] 覃安迪．客户服务投诉管理与处理实战技巧：打造零缺陷服务［M］．北京：中国财富出版社，2015.

[19] 杨林，杨佳祺．客户智能：客户营销与服务的数字化转型［M］．北京：人民邮电出版社，2021.

[20] 孙媛．数字化客服设计［M］．北京：清华大学出版社，2022.